Jorge Luis Borges

Conférences

Traduit de l'espagnol par
Françoise Rosset

Gallimard

Dans la même collection

ENQUÊTES *suivi de* ENTRETIENS, n° 198.

Titre original :

Siete noches : La Divina Comedia — La pesadilla
— Las mil y una noches — El budismo
— La poesía — La cábala — La ceguera
Borges oral : Prólogo — El libro — La inmortalidad
— Emanuel Swendenborg — El cuento policial
— El tiempo

LA LITTÉRATURE EN FOLIO ESSAIS

(extrait du catalogue)

ARTAUD, Antonin
  Le théâtre et son double (n° 14)

BANU, Georges
  L'acteur qui ne revient pas. Journées de théâtre au Japon
  (n° 225)

BATAILLE, Georges
  La littérature et le mal (n° 148)

BELLOUR, Raymond
  Henri Michaux (n° 45)

BÉNICHOU, Paul
  Morales du grand siècle (n° 99)

BLANCHOT, Maurice
  De Kafka à Kafka (n° 245)
  L'espace littéraire (n° 89)
  Le livre à venir (n° 48)

BONNEFOY, Yves
  L'improbable et autres essais *(n° 203)*

BORGES, Jorge Luis
  Conférences (n° 2)
  Enquêtes (n° 198)

BRETON, André
  Manifestes du surréalisme (n° 5)
  Point du Jour (n° 194)

BROD, Max
  Franz Kafka (n° 159)

BUTOR, Michel
  Histoire extraordinaire (n° 87)

CLAUDEL, Paul
  Réflexions sur la poésie (n° 214)

Collectif
  La littérature potentielle (n° 95)
  Atlas de littérature potentielle (n° 109)

Collectif sous la direction de Ralph LUDWIG
Écrire la « parole de nuit ». La nouvelle littérature antillaise (*n° 239*)

CORTÁZAR, Julio
Entretiens avec Omar Prego (*n° 29*)

FOUCAULT, Michel
Raymond Roussel (*n° 205*)

GIRAUDOUX, Jean
Littérature (*n° 237*)

IONESCO, Eugène
Journal en miettes (*n° 211*)
Notes et contre-notes (*n° 163*)

LE BRUN, Annie
Les châteaux de la subversion (*n° 31*)
Soudain un bloc d'abîme, Sade (*n° 226*)

LE CLÉZIO, J.M.G.
L'extase matérielle (*n° 212*)

MAULNIER, Thierry
Racine (*n° 98*)

MIGNON, Paul-Louis
Le théâtre au XXᵉ siècle (*n° 36*)

MOUNIN, Georges
Avez-vous lu Char? (*n° 131*)

PAULHAN, Jean
Les Fleurs de Tarbes ou La Terreur dans les Lettres (*n° 147*)

PINGAUD, Bernard
Les anneaux du manège. Écriture et littérature (*n° 189*)

PIRANDELLO, Luigi
Écrits sur le théâtre et la littérature (*n° 122*)

PONGE, Francis
Méthodes (*n° 107*)

PROUST, Marcel
Contre Sainte-Beuve (*n° 68*)
Essais et articles (*n° 236*)

QUENEAU, Raymond
Bâtons, chiffres et lettres (*n° 247*)

SADE, D.A.F. de
Journal inédit (*n° 248*)

SAINTE-BEUVE
  Pour la critique (n° 202)

SARTRE, Jean-Paul
  Baudelaire (n° 105)
  Critiques littéraires (n° 223)
  Qu'est-ce que la littérature? (n° 19)
  Un théâtre de situations (n° 192)

SCHIFANO, Jean-Noël
  Désir d'Italie (n° 61)

STAROBINSKI, Jean
  Montaigne en mouvement (n° 217)

STEINER, George
  La mort de la tragédie (n° 224)

TOURNIER, Michel
  Le vol du vampire, Notes de lecture (n° 258)

VALÉRY, Paul
  « Mon Faust » (n° 114)

VITOUX, Frédéric
  Louis-Ferdinand Céline (n° 111)

YURKIEVICH, Saul
  Littérature latino-américaine : traces et trajets (n° 102)

AVERTISSEMENT

« En 1946, un président dont je ne veux pas me rappeler le nom vint à la présidence. Un jour, peu après son accession à la présidence, je fus honoré de la nouvelle que j'avais été renvoyé de la bibliothèque pour être "promu" à l'inspection de la volaille et des lapins sur les marchés publics. Je me rendis à l'Hôtel de Ville pour savoir ce que tout cela voulait dire. "Ecoutez, dis-je, c'est un peu bizarre que parmi tant d'autres employés de la bibliothèque on m'ait choisi, moi, comme étant digne d'occuper ce nouveau poste.— Mais, me répondit l'employé, vous étiez du côté des Alliés... à quoi pouviez-vous vous attendre ?" Il n'y avait rien à répondre à cela ; je démissionnai le jour suivant. Mes amis se joignirent à moi immédiatement et donnèrent un banquet en mon honneur. Je préparai un discours pour la circonstance mais, trop timide pour le lire moi-même, je demandai à Pedro Enriquez Ureña de le lire à ma place.

« J'étais maintenant sans emploi. Quelques mois

auparavant, une vieille dame anglaise avait lu mon avenir dans des feuilles de thé et m'avait prédit que j'allais bientôt voyager, donner des conférences et gagner ainsi beaucoup d'argent. Quand je racontai cela à ma mère nous en rîmes tous les deux car parler en public était très au-dessus de mes moyens. Sur ces entrefaites, un ami vint à mon secours et me fit nommer professeur de littérature anglaise à l'Association Argentine de Culture Anglaise. On me demanda au même moment de donner des cours de littérature américaine classique au Collège libre d'Etudes Supérieures. Ces deux propositions m'étaient faites trois mois avant l'ouverture des cours, et j'acceptai, rassuré par ce délai. L'échéance approchant, je me sentis de plus en plus mal en point. Ma série de conférences devait avoir pour sujets Hawthorne, Poe, Thoreau, Emerson, Melville, Whitman, Twain, Henry James et Veblen. Je rédigeai la première. Mais le temps me manqua pour écrire la deuxième. En outre, appréhendant cette première conférence comme le Jugement dernier, je pensais qu'elle ne pouvait déboucher que sur le silence éternel. La première conférence — par miracle — se passa sans incident. Deux jours avant la deuxième conférence, j'emmenai ma mère faire une longue promenade dans Adrogué en lui demandant de me chronométrer pendant que je répétais ma conférence. A son avis, me dit-elle, elle était trop longue. "Alors, lui dis-je, je suis rassuré." J'avais peur d'avoir été trop court. C'est ainsi qu'à quarante-sept ans je voyais les perspectives d'une vie nouvelle et passionnante s'ouvrir devant moi. Je voyageai du nord au sud de l'Argentine et de l'Uruguay, donnant des conférences sur Swedenborg, Blake, les mystiques persans et chinois, le bouddhisme, la poésie du gaucho, Martin Buber, la Kabbale, les Mille et Une Nuits, T.E. Lawrence, la

poésie médiévale germanique, les sagas islandaises,
Heine, Dante, l'expressionnisme et Cervantès. J'al-
lais de ville en ville, passant la nuit dans des hôtels
que je ne reverrais jamais[1]*... »*

Cela se passait vers la fin des années 40. Depuis, progressivement, la célébrité puis la gloire sont venues couronner l'œuvre de Borges, sans qu'il ait cessé pour autant son activité de conférencier. Certes, ses auditoires se sont diversifiés : aujourd'hui, le vieil Œdipe de Buenos Aires, l'aveugle vénéré dans le monde entier, parcourt sans répit la planète — on signale sa présence au Japon, une semaine plus tard en Crète, ensuite il se trouve à Paris, on le croise à New York, il part pour l'Islande, il s'envole pour le Mexique ou pour Venise. Parfois il lui arrive même de se retrouver chez lui, à Buenos Aires.

C'est justement dans sa ville natale qu'il a prononcé, en 1977 et 1978, ces conférences où l'on voit l'un des créateurs du siècle — l'un des écrivains les plus mythiques déjà, avec Kafka, Joyce, Proust — renouer avec la littérature des origines, qui fut orale, en renouvelant sans cesse les thèmes hétéroclites qui ont depuis toujours nourri sa littérature, et qui lui sont devenus consubstantiels.

1. *Essai d'autobiographie* in *Livre de préfaces*, Gallimard, 1980.

La Divine Comédie

Paul Claudel a écrit, dans une page indigne de Paul Claudel, que les spectacles qui nous attendaient au-delà de la mort corporelle ne ressembleraient sans doute pas à ceux que Dante nous montre dans son Enfer, dans son Purgatoire et dans son Paradis. Cette curieuse remarque de Claudel, dans un article du reste admirable, peut s'interpréter de deux façons.

D'abord, nous voyons dans cette remarque une preuve de l'intensité du texte de Dante, le fait qu'une fois lu le poème, comme tout au long de sa lecture, nous avons tendance à penser qu'il s'imaginait l'autre monde exactement tel qu'il le présente. Nous ne pouvons nous empêcher de croire que Dante s'imaginait qu'une fois mort il se trouverait devant la montagne inversée de l'Enfer, devant les terrasses du Purgatoire ou les ciels concentriques du Paradis. Qu'il parlerait en outre à des ombres (les ombres de l'Antiquité classique) et que certaines d'entre elles converseraient avec lui en tercets italiens.

Ceci est évidemment absurde. La remarque de Claudel correspond non pas au raisonnement des lecteurs (car ils verraient à la réflexion qu'elle est absurde) mais à ce qu'ils ressentent et à ce qui peut les éloigner du plaisir, de l'intense plaisir que donne la lecture de l'ouvrage.

Pour réfuter cette remarque, abondent les témoignages. Entre autres, la déclaration qu'on attribue au fils de Dante. Il dit que son père s'était proposé de montrer la vie des pécheurs à travers l'image de l'Enfer, celle des pénitents à travers l'image du Purgatoire et celle des justes à travers l'image du Paradis. Il ne s'en est pas tenu à une lecture littérale. Nous avons en outre le témoignage de Dante lui-même dans sa lettre dédiée à Can Grande della Scala.

On a considéré cette lettre comme apocryphe mais, quoi qu'il en soit, elle ne peut être très postérieure à Dante et elle est en tout cas le reflet de son époque. Il y est dit que *La Divine Comédie* peut se lire de quatre façons. De ces quatre façons, l'une est littérale ; une autre, allégorique. Selon celle-ci, Dante serait le symbole de l'homme, Béatrice celui de la foi et Virgile celui de la raison.

L'idée d'un texte pouvant être lu de multiples façons est caractéristique du Moyen Age, de ce Moyen Age si calomnié et si complexe qui nous a donné l'architecture gothique, les sagas d'Islande et la scolastique où tout est mis en question. De ce Moyen Age qui nous a donné, surtout, *la Divine Comédie* que nous continuons à lire et qui continue à nous surprendre, qui durera plus que notre vie, bien plus que nos veilles et qu'enrichira chaque nouvelle génération de lecteurs.

Il convient, ici, d'évoquer Scot Erigène qui dit que l'Ecriture est un texte contenant une infinité de sens et qui peut être comparé au chatoyant plumage d'un paon.

Les kabbalistes hébreux ont soutenu que l'Ecriture a été écrite pour chacun des fidèles ; ce qui n'est pas incroyable si l'on pense que l'auteur du

texte est aussi l'auteur des lecteurs : Dieu. Dante
n'avait aucune raison de croire que ce que lui
nous montre correspond à une image réelle du
monde de la mort. Il n'en est rien. Dante n'a pu
croire une chose pareille.

Il me semble cependant qu'il est bon que nous
ayons cette idée naïve, l'idée que nous lisons un
récit véridique. Elle nous permet d'être pris par la
lecture. Je puis dire de moi que je suis un lecteur
hédoniste ; jamais je n'ai lu un livre parce que
c'était un classique. J'ai lu des livres pour l'émotion esthétique qu'ils m'ont apportée et j'ai laissé
pour plus tard les commentaires et les critiques.
Quand j'ai lu pour la première fois *la Divine Comédie*, je me suis laissé porter par la lecture. J'ai
lu *la Divine Comédie* de la même façon que d'autres livres moins célèbres. Puisque nous sommes
entre amis et puisque je ne m'adresse pas à vous
tous mais à chacun d'entre vous en particulier, je
voudrais vous confier l'histoire de mon commerce
personnel avec *la Divine Comédie*.

Tout a commencé un peu avant la dictature. Je
travaillais comme employé dans une bibliothèque
du quartier d'Almagro. J'habitais à l'angle des
rues Las Heras et Pueyrredon, je devais parcourir
en de lents et solitaires tramways le long chemin
qui va de ce quartier nord au sud d'Almagro,
jusqu'à une bibliothèque située à l'angle de l'ave-
nue La Plata et de la rue Carlos-Calvo. Le hasard
(sauf qu'il n'y a pas de hasard, sauf que ce que
nous appelons hasard est notre ignorance de la
complexe machinerie de la causalité), le hasard
donc me fit trouver trois petits volumes dans la
Librairie Mitchell, aujourd'hui disparue et qui
m'évoque tant de souvenirs. Ces trois volumes
(j'aurais dû en apporter un aujourd'hui, comme
talisman) étaient les tomes de l'*Enfer*, du *Purga-*

toire et du *Paradis*, traduits en anglais par Carlyle, non pas Thomas Carlyle dont je parlerai plus tard. C'étaient des livres très pratiques, édités par Dent. Ils tenaient dans ma poche. Sur une page, il y avait le texte italien et sur l'autre le texte anglais, en traduction littérale. J'avais imaginé ce *modus operandi* : je lisais d'abord un vers, un tercet, en prose anglaise ; puis je lisais le même vers, le même tercet, en italien ; je procédais ainsi jusqu'à parvenir à la fin du chant. Alors je lisais tout le chant en anglais puis en italien. Dans cette première lecture j'ai compris que les traductions de cette œuvre ne peuvent être un succédané du texte original. La traduction ne peut jamais être qu'un moyen, qu'un stimulant pour rapprocher le lecteur de l'original ; surtout s'il s'agit d'une traduction espagnole. Je crois que Cervantès, quelque part dans le *Quichotte*, a dit qu'avec deux sous de langue toscane on peut comprendre l'Arioste.

Pour moi, ces deux sous de langue toscane ont été la ressemblance fraternelle entre l'italien et l'espagnol. J'avais déjà remarqué que les vers, surtout les grands vers de Dante, sont beaucoup plus que ce qu'ils signifient. Le vers c'est, entre bien d'autres choses, un ton, une cadence très souvent intraduisible. J'ai remarqué cela dès le début. Quand je suis arrivé au sommet du *Paradis*, quand je suis arrivé au Paradis désert, à ce moment précis où Dante est abandonné par Virgile, qu'il se retrouve seul et qu'il l'appelle, à ce moment-là j'ai senti que je pouvais lire directement le texte italien et ne regarder que de temps à autre le texte anglais. J'ai lu ainsi les trois volumes pendant ces lents voyages en tramway. J'ai lu ensuite d'autres éditions.

J'ai souvent lu *la Divine Comédie*. A dire vrai, je ne sais pas l'italien, je ne sais d'autre italien que celui que m'a appris Dante et celui que m'a appris ensuite l'Arioste quand j'ai lu son *Roland furieux*. Puis l'italien, certes plus facile, de Croce. J'ai lu presque tous les livres de Croce et je ne suis pas toujours d'accord avec lui mais je ressens son charme. Le charme est, comme a dit Stevenson, une des qualités essentielles que doit posséder l'écrivain. Sans le charme, le reste est inutile.

J'ai lu bien des fois *la Divine Comédie*, dans des éditions diverses, en prenant plaisir à leurs commentaires. Parmi toutes ces éditions, j'en retiens particulièrement deux : celle de Momigliano et celle de Grabher. Je me rappelle aussi celle de Hugo Steiner.

Je lisais toutes les éditions que je trouvais et je m'amusais à comparer les divers commentaires et les diverses interprétations qu'on donnait de cette œuvre multiple. J'ai constaté que dans les éditions les plus anciennes prédomine le commentaire théologique, dans celles du dix-neuvième siècle le commentaire historique, et actuellement le commentaire esthétique qui nous fait remarquer l'accentuation de chaque vers, une des plus grandes vertus de Dante.

On a comparé Milton à Dante mais Milton n'a qu'une seule musique : il a ce qu'on appelle en anglais « un style sublime ». Cette musique est toujours la même, par-delà les émotions des personnages. Avec Dante, par contre, comme avec Shakespeare, nous avons une musique qui suit constamment les émotions. L'intonation et l'accentuation sont essentielles, chaque phrase doit être lue et est lue à voix haute.

Je dis qu'elle est lue à voix haute car lorsqu'on lit des vers qui sont vraiment admirables, vraiment bons, on a tendance à le faire à voix haute. Quand un vers est bon, il ne se laisse pas lire à voix basse ou en silence. Si on le lit ainsi, ce n'est pas un bon vers : le vers exige la prononciation. Le vers se souvient toujours qu'il fut un art oral avant d'être un art écrit ; il se souvient qu'il fut un chant.

Deux phrases le prouvent. L'une est d'Homère — ou de ces Grecs que nous appelons Homère — qui dit dans *l'Odyssée* : « Les dieux tissent des malheurs pour les hommes afin que les générations à venir aient quelque chose à chanter. » La seconde, bien postérieure, est de Mallarmé et elle répète de façon moins belle ce que dit Homère : *le monde est fait pour aboutir à un beau livre.* Nous avons là les deux différences ; les Grecs parlent de générations qui chantent, Mallarmé parle d'un objet, d'une chose parmi les choses, d'un livre. Mais l'idée est la même, l'idée que nous sommes faits pour l'art, que nous sommes faits pour la mémoire, que nous sommes faits pour la poésie ou que, peut-être, nous sommes faits pour l'oubli. Mais quelque chose demeure et ce quelque chose c'est l'histoire ou la poésie, qui ne sont pas essentiellement différentes.

Carlyle et d'autres critiques ont observé que l'intensité est ce qui frappe le plus chez Dante. Et si nous pensons aux cent chants du poème, cela paraît vraiment un miracle que cette intensité ne faiblisse pas, sauf en quelques endroits du *Paradis* qui furent lumière pour le poète mais ombre pour nous. Je n'ai pas souvenir d'un pareil exemple chez un autre écrivain, sinon peut-être dans *la Tragédie de Macbeth* de Shakespeare, qui commence avec les trois sorcières, ou les trois Parques, ou les trois sœurs fatales et qui continue jusqu'à la mort du héros sans qu'à aucun moment l'intensité ne faiblisse.

Je voudrais évoquer une autre particularité de

Dante : sa sensibilité. Nous pensons toujours au sombre et sentencieux poème florentin et nous oublions que l'œuvre est pleine de charme, d'agrément, de tendresse. Dante, par exemple, a dû lire dans quelque traité de géométrie que le cube est le plus stable des volumes. C'est une remarque banale qui n'a rien de poétique mais Dante pourtant l'emploie comme une métaphore de l'homme qui doit supporter le malheur : *buon tetragono ai colpi di fortuna* ; l'homme est un bon tétragone, un cube, et cela est vraiment surprenant.

Je pense aussi à la curieuse métaphore de la flèche. Dante veut nous faire sentir la rapidité de la flèche quittant l'arc pour atteindre la cible. Il nous dit que la flèche se cloue dans la cible, qu'elle sort de l'arc et qu'elle quitte la corde ; il inverse le début et la fin pour montrer la rapidité avec laquelle les choses se passent.

Un vers demeure toujours dans ma mémoire. C'est celui du premier chant du *Purgatoire* qui évoque ce matin, ce matin incroyable sur la montagne du Purgatoire, au pôle Sud. Dante, qui est sorti de la saleté, de la tristesse et de l'horreur de l'Enfer, dit *dolce color d'oriëntal zaffiro*. Le vers impose cette lenteur à la voix. Il faut dire *oriëntal* :

> *dolce color d'oriëntal zaffiro*
> *che s'accoglieva nel sereno aspetto*
> *del mezzo puro infino al primo giro.*

J'aimerais m'attarder un instant sur le curieux mécanisme de ce vers, mais le mot « mécanisme » est trop dur pour ce que je veux dire. Dante décrit le ciel oriental, il décrit l'aurore et il compare la couleur de l'aurore à celle du saphir. Il la compare à celle d'un saphir qu'on appelle « saphir oriental », saphir d'Orient. Dans ce *dolce color d'oriëntal zaffiro* il y a un jeu de miroirs puisque l'Orient s'explique par la couleur du saphir et que ce saphir est un « saphir oriental ». C'est-à-dire un saphir qui est chargé de la richesse du mot « oriental » ; il porte en lui, pourrait-on dire, *les Mille et Une Nuits* que Dante n'a pas connues mais qui pourtant sont là.

Je rappellerai aussi le fameux vers par lequel s'achève le cinquième chant de l'*Enfer* : *e caddi come corpo morto cade*. Pourquoi y a-t-il ce rebondissement dans la chute ? Ce rebondissement vient de la répétition du verbe « tomber ».

Toute *la Divine Comédie* est pleine de bonheurs de ce genre. Mais ce qui soutient l'œuvre, c'est le fait qu'elle est narrative. Du temps de ma jeunesse, on méprisait le genre narratif — on disait l'anecdote — et on oubliait que la poésie a commencé par être narrative, qu'aux racines de la poésie il y a la poésie épique et la poésie épique c'est le genre poétique primordial, narratif. Dans la poésie épique, il y a le temps, dans la poésie épique il y a un avant, un pendant et un après ; il y a tout cela dans la poésie.

Je conseillerais au lecteur d'oublier les disputes entre guelfes et gibelins, d'oublier la scolastique, d'oublier même les allusions mythologiques et les vers de Virgile que Dante répète, en les améliorant parfois, tout excellents qu'ils soient en latin. Il convient, du moins au début, de s'en tenir au récit. Personne, je crois, ne peut manquer de le faire.

Nous entrons donc dans le récit et nous y entrons d'une façon presque magique car si actuellement on raconte quelque chose de surnaturel, on est un écrivain incrédule s'adressant à des lecteurs incrédules et l'on doit préparer le surnaturel. Mais

Dante n'a pas besoin de procéder ainsi : *Nel mezzo del cammin di nostra vita / mi ritrovai per una selva oscura*. C'est-à-dire à trente-cinq ans « je me trouvai au milieu d'une forêt obscure » qui est peut-être allégorique mais à laquelle nous croyons physiquement : à trente-cinq ans, parce que la Bible conseille aux hommes prudents l'âge de soixante-dix ans. Il est sous-entendu qu'au-delà tout n'est que désert, *« bleak »* comme on dit en anglais, tout n'est désormais qu'angoisse, que tristesse. Si bien que lorsque Dante écrit : *Nel mezzo del cammin di nostra vita*, il n'emploie pas là une vague rhétorique : il nous dit exactement la date de sa vision, qu'il avait alors trente-cinq ans.

Je ne crois pas que Dante ait été un visionnaire. Une vision est brève. Il est impossible d'avoir une vision aussi longue que celle de *la Divine Comédie*. Sa vision a été volontaire : nous devons nous abandonner à elle et en lire le récit avec la foi du poète. Coleridge a dit que la foi du poète est une suspension volontaire de l'incrédulité. Quand nous assistons à une représentation théâtrale, nous savons qu'il y a sur la scène des hommes déguisés qui répètent les paroles que Shakespeare, Ibsen ou Pirandello leur font dire. Mais nous admettons l'idée que ces hommes ne sont pas déguisés ; que cet homme déguisé qui monologue lentement dans les antichambres de la vengeance est réellement Hamlet, le prince de Danemark ; nous nous abandonnons à cette idée. Au cinéma le processus est encore plus curieux car nous ne regardons plus des gens déguisés mais des photographies de gens déguisés et pourtant nous croyons en eux tant que dure la projection.

Dans le cas de Dante, tout est si vivant que nous en arrivons à supposer qu'il a cru à son autre monde, tout comme il a bien dû croire à la géographie géocentrique ou à l'astronomie géocentrique plutôt qu'à d'autres astronomies.

Nous avons de Dante une connaissance profonde par ce fait qu'a signalé Paul Groussac : *la Divine Comédie* est écrite à la première personne. Ce n'est pas un simple artifice grammatical, cela ne signifie pas dire « je vis » au lieu de « ils virent » ou « ce fut ». Cela signifie quelque chose de plus, cela signifie que Dante est l'un des personnages de *la Divine Comédie*. Si l'on en croit Groussac, c'était une nouveauté. Rappelons-nous qu'avant Dante saint Augustin a écrit ses *Confessions*. Or ces confessions, par leur splendide rhétorique précisément, ne sont pas aussi proches de nous que Dante, car la splendide rhétorique de l'Africain s'interpose entre ce qu'il veut dire et ce que nous entendons.

Il est malheureusement fréquent que la rhétorique s'interpose ainsi. Là où elle devrait être un pont, un chemin, elle est parfois un mur, un obstacle, comme on peut l'observer chez des écrivains aussi divers que Sénèque, Quevedo, Milton ou Lugones. Chez tous, les mots s'interposent entre eux et nous.

Nous connaissons Dante plus intimement que ne le connurent ses contemporains. Je dirais presque que nous le connaissons comme le connut Virgile, qui fut un de ses rêves. Sans doute mieux que ne put le connaître Beatrice Portinari ; sans doute mieux que personne. Il se place lui-même, il se met au centre de l'action. Non seulement il voit les choses mais il prend parti. Ce parti n'est pas toujours en accord avec ce qu'il décrit et c'est ce qu'on a tendance à oublier.

Nous voyons Dante terrifié par l'Enfer ; il faut qu'il soit terrifié, non pas parce qu'il a peur mais parce qu'il est nécessaire qu'il soit terrifié pour que nous croyions à l'Enfer. Dante est terrifié, il a peur, il donne son avis sur ce qu'il voit. Nous savons quelle est son opinion non par ses paroles mais par l'intonation, l'accentuation poétique de son langage.

Nous avons l'autre personnage. A vrai dire, dans *la Divine Comédie*, il y a en a trois mais pour l'instant je parlerai du deuxième. C'est Virgile. Dante a réussi à ce que nous ayons deux images de Virgile : l'une est celle que nous laisse *l'Enéide* ou que nous laissent les *Géorgiques* ; l'autre est celle, plus intime, que nous laisse la poésie, la pieuse poésie de Dante.

L'un des thèmes de la littérature — et l'un des thèmes de la réalité — c'est l'amitié. Je dirais que l'amitié est notre passion en Argentine. Les amitiés abondent dans la littérature, qui est tissée d'amitiés. Nous pouvons en évoquer certaines. Pourquoi ne pas penser à Don Quichotte et Sancho Pança, ou à Alonso Quijano et Sancho puisque pour ce dernier « Alonso Quijano » est *Alonso Quijano* et ne devient qu'à la fin *Don Quichotte* ? Pourquoi ne pas penser à Fierro et Cruz, nos deux gauchos qui se perdent aux frontières du pays ? Pourquoi ne pas penser au vieux conducteur de troupeaux et à Fabio Caceres ? L'amitié est un thème banal mais, généralement, les écrivains ont l'habitude de recourir au contraste entre les deux amis. J'ai oublié deux autres amis illustres : Kim et le lama. Ils offrent, eux aussi, un contraste.

Dans le cas de Dante, le procédé est plus délicat. Ce n'est pas exactement un contraste, bien que nous soyons devant une attitude filiale : Dante est en quelque sorte un fils de Virgile tout en lui étant supérieur car il se croit sauvé. Il croit qu'il obtiendra son salut ou qu'il l'a obtenu puisqu'il lui a été donné d'avoir une vision. Il sait, par contre, dès le début de l'*Enfer*, que Virgile est une âme perdue, un réprouvé ; quand Virgile lui dit qu'il ne pourra pas l'accompagner au-delà du Purgatoire, il pressent que le Latin sera pour toujours un habitant du terrible *nobile castello* où demeurent les grandes ombres des grands morts de l'Antiquité, ceux qui par ignorance invincible ne purent atteindre la parole du Christ. A cet instant même, Dante dit : *Tu, duca ; tu, signore ; tu, maestro...* Pour couvrir cet instant, Dante salue Virgile par des mots magnifiques et il parle des longues études et du grand amour qui lui ont fait chercher son livre et cette relation se maintient toujours entre eux deux. Cette figure essentiellement triste de Virgile, qui se sait condamné à demeurer à jamais dans le *nobile castello* plein de l'absence de Dieu... A Dante, par contre, il sera permis de voir Dieu, il lui sera permis de comprendre l'univers.

Nous avons donc ces deux personnages. Puis il y en a mille autres, des centaines, une multitude de personnages dont on a dit qu'ils étaient épisodiques. Je dirais plutôt qu'ils sont éternels.

Un roman contemporain requiert cinq ou six cents pages pour nous faire connaître un personnage, si tant est que nous parvenions à le connaître. A Dante, il suffit d'un instant. En un instant le personnage est défini pour toujours. Dante recherche inconsciemment cet instant central. J'ai voulu en faire autant dans beaucoup de mes nouvelles et j'ai été étonné par cette trouvaille, qui est la trouvaille de Dante au Moyen Age, de présenter un instant comme clef d'une vie. Nous avons de ces personnages, chez Dante, dont la vie tient en quelques tercets mais cette vie pourtant est éternelle. Un mot, un geste suffit à les faire vivre ; ils ne sont que la partie d'un chant, mais cette partie est éternelle. Ils continuent à vivre dans la mémoire des hommes et à se renouveler dans leur imagination.

Carlyle a dit qu'il y avait deux caractéristiques chez Dante. Il y en a certes davantage mais ces deux-là sont essentielles : c'est la tendresse et la rigueur (car tendresse et rigueur peuvent ne pas s'exclure, ne pas se contredire). Il y a, d'une part, la tendresse humaine de Dante, ce que Shakespeare appellera *the milk of human kindness*, « le lait de la tendresse humaine ». De l'autre, le fait de savoir que nous sommes les habitants d'un monde rigoureux, où existe un ordre. Cet ordre dépend de l'Autre, du troisième interlocuteur.

Prenons deux exemples. D'abord l'épisode le plus connu de l'*Enfer*, celui du cinquième chant, celui de Paolo et de Francesca. Je ne prétends pas résumer ce qu'a dit Dante — ce serait une irrévérence de ma part de dire en d'autres mots ce qu'il a dit de façon immortelle dans son italien ; je veux simplement rappeler les circonstances de cet épisode.

Dante et Virgile arrivent, si j'ai bonne mémoire, au deuxième cercle de l'Enfer et là ils voient le tourbillon des âmes et ils sentent la puanteur du péché, la puanteur du châtiment. Il y a des détails physiques désagréables. Minos, par exemple, enroule sa queue pour indiquer à quel cercle doivent descendre les condamnés. Cela est délibérément laid car rien, évidemment, ne peut être beau dans l'Enfer. En arrivant au cercle où subissent leur peine les luxurieux, on trouve de grands noms illustres. Je dis « de grands noms » car Dante, quand il commença à écrire ce chant, n'était pas encore parvenu au sommet de son art, à faire que ses personnages soient quelque chose de plus que leurs noms. Mais, même ainsi, il a pu décrire le *nobile castello*.

Nous voyons les grands poètes de l'Antiquité. Parmi eux se trouve Homère, l'épée à la main. Ils échangent des propos qu'il serait malséant de répéter. Le silence est de mise devant la terrible pudeur de ceux qui sont condamnés aux Limbes, de ceux qui ne verront jamais la face de Dieu. Quand nous arrivons au cinquième chant, Dante a fait sa grande découverte : la possibilité d'un dialogue entre les âmes des morts et lui qui les écoutera et les jugera à sa façon. Non, il ne les jugera pas : il sait que ce n'est pas lui le Juge, que le Juge c'est l'Autre, un troisième interlocuteur, la Divinité.

Il y a donc là Homère, Platon, d'autres hommes illustres. Mais Dante voit deux personnes qu'il ne connaît pas, moins illustres et qui appartiennent au monde contemporain : Paolo et Francesca. Il sait que tous les deux sont morts adultères, il les appelle et ils accourent. Dante nous dit : *Quali colombe dal disio chiamate*. Nous sommes devant deux réprouvés et Dante les compare à deux colombes que le désir appelle, car la sensualité doit être aussi présente au cœur de la scène. Ils s'approchent de lui et Francesca, qui est la seule à parler (Paolo ne peut le faire), le remercie de les avoir appelés et lui dit ces mots pathétiques : *Se fosse amico il Re dell'universo, / noi pregheremmo lui per la tua pace*, « Si le Roi de l'univers était un ami (elle dit le Roi de l'univers car elle ne peut dire Dieu, ce nom est interdit dans l'Enfer et le Purgatoire), nous le prierions pour le repos de ton âme » car, toi, tu as pitié de nos maux.

Francesca raconte leur histoire et elle la raconte deux fois. D'abord d'une manière pleine de réserve, mais elle insiste sur le fait qu'elle est toujours éprise de Paolo. Le repentir est interdit en Enfer ; elle sait qu'elle a péché et elle reste fidèle à son péché ce qui lui confère une grandeur héroïque. Ce serait terrible qu'elle éprouve du repentir, qu'elle se plaigne de ce qui s'est passé. Francesca sait que le châtiment est juste, elle l'accepte et continue à aimer Paolo.

Dante est curieux d'une chose. *Amor condusse noi ad una morte* : Paolo et Francesca ont été assassinés ensemble. Ce n'est pas l'adultère qui intéresse Dante, ce n'est pas de savoir comment les amants furent découverts et jugés : ce qui l'intéresse est plus intime, c'est de savoir comment ils surent qu'ils étaient amoureux, comment ils le devinrent, comment vint le temps des doux soupirs. Il questionne.

M'écartant de mon sujet, je voudrais vous réciter une strophe, peut-être la meilleure strophe de Leopoldo Lugones et qui lui a été sans doute inspirée par le cinquième chant de l'*Enfer*. Il s'agit du premier quatrain d'*Alma venturosa* (Ame heureuse), l'un des sonnets de *Las horas doradas* (Les heures dorées), de 1922 :

> *Al promediar la tarde de aquel día,*
> *Cuando iba mi habitual adiós a darte,*
> *Fue una vaga congoja de dejarte*
> *Lo que me hizo saber que te quería.*

> En fin d'après-midi ce jour-là,
> Quand j'allais te dire mon habituel au revoir,
> Ce fut une vague angoisse de te quitter
> Qui me fit savoir que je t'aimais.

Un poète mineur aurait dit que l'homme sent une grande tristesse en disant au revoir à la femme, il aurait dit qu'ils se voyaient rarement. Ici, par contre, « Quand j'allais te dire mon habituel au revoir » est un vers maladroit mais peu importe ; car dire « un habituel au revoir » indique qu'ils se voyaient fréquemment, puis « Ce fut une vague angoisse de te quitter / Qui me fit savoir que je t'aimais ».

Le thème est essentiellement le même que celui du cinquième chant : deux êtres découvrent qu'ils s'aiment et qu'ils ne le savaient pas. Voilà ce qui intéresse Dante et il veut que Francesca lui dise comment cela s'est produit. Elle lui raconte qu'ils lisaient un jour, tous deux, pour se distraire, un livre sur Lancelot et ses tourments d'amour. Ils étaient seuls et ne se doutaient de rien. De quoi ne se doutaient-ils pas ? Ils ne se doutaient pas qu'ils étaient épris l'un de l'autre. Ils lisaient donc une histoire de la *matière de Bretagne*[1], un de ces livres qu'imaginèrent les Bretons de France après l'invasion saxonne. Un de ces livres qui nourrirent la folie d'Alonso Quijano et qui révélèrent leur amour coupable à Paolo et à Francesca. Alors Francesca déclare qu'ils rougissaient parfois mais que vint un moment où, *quando leggemmo il disiato riso*, « quand nous lûmes le sourire désiré », elle fut embrassée par cet amoureux ; cet homme-ci, qui ne se séparera jamais de moi, me baisa sur la bouche, *tutto tremante*.

Il y a quelque chose que Dante ne dit pas mais qui se sent tout au long de ce passage et qui, peut-être, lui donne toute sa force. Avec une infinie pitié, Dante nous raconte le destin des deux amants mais nous sentons qu'il leur envie ce destin. Paolo et Francesca sont en Enfer et lui il sera sauvé, mais eux se sont aimés alors que lui n'a pas obtenu l'amour de la femme qu'il aime. Il y a là aussi comme une insolente fierté que Dante doit ressentir douloureusement car il est désormais loin de Béatrice. Par contre, ces deux réprouvés

---

1. En français dans le texte.

sont ensemble, ils ne peuvent pas se parler, ils tournent dans le noir tourbillon sans aucune espérance, pas même, nous dit Dante, celle de voir cesser leurs souffrances mais ils sont ensemble. Quand elle parle, Francesca dit *nous* : elle parle pour eux deux, autre façon d'être ensemble. Ils sont ensemble pour l'éternité, ils partagent l'Enfer et cela a dû sembler à Dante être une sorte de Paradis.

Nous savons qu'il est très ému. Puis il tombe comme un corps mort.

Chacun se définit pour toujours en un seul instant de sa vie, l'instant où il se trouve pour toujours face à lui-même. On a dit que Dante est cruel envers Francesca, en la condamnant. Mais c'est ignorer le Troisième Personnage. Le jugement de Dieu ne coïncide pas toujours avec les sentiments de Dante. Les gens qui ne comprennent pas *la Divine Comédie* disent que Dante l'a écrite pour se venger de ses ennemis et récompenser ses amis. Rien n'est plus inexact. Nietzsche a dit on ne peut plus faussement que Dante est l'hyène qui versifie parmi des tombes. L'hyène qui versifie est une antinomie ; d'autre part, Dante ne tire aucun plaisir de la douleur. Il sait qu'il y a des péchés impardonnables, capitaux. Il choisit pour chacun d'eux une personne qui a commis ce péché mais qui peut être, quant au reste, digne d'admiration ou d'amour. Francesca et Paolo sont simplement luxurieux. C'est là leur seul péché mais il suffit à les condamner.

L'idée que Dieu est indéchiffrable est un concept que nous avons déjà trouvé dans un autre livre essentiel de l'humanité. Dans le Livre de Job, vous vous souvenez sans doute que Job condamne Dieu, que ses amis lui donnent raison et que Dieu, à la fin, parle au milieu de la tempête et fustige ceux qui le justifient comme ceux qui l'accusent.

Dieu est au-delà de tout jugement humain et pour nous aider à comprendre cela, Il se sert de deux exemples extraordinaires : celui de la baleine et celui de l'éléphant. Il choisit ces monstres pour montrer qu'ils ne sont pas moins monstrueux pour nous que le Léviathan et le Béhémoth (dont le nom est pluriel et signifie, en hébreu, beaucoup d'animaux). Dieu est au-delà de tous les jugements humains, ainsi qu'Il le déclare Lui-même dans le Livre de Job. Et les hommes s'humilient devant Lui parce qu'ils ont osé le juger, le justifier. C'est inutile. Dieu est, comme dirait Nietzsche, au-delà du bien et du mal. Il relève d'une autre catégorie.

Si Dante avait toujours été de l'avis du Dieu qu'il imagine, on s'apercevrait que c'est un faux Dieu, une simple réplique de Dante. Or Dante doit accepter ce Dieu supérieur, comme il doit accepter que Béatrice ne l'ait pas aimé, que Florence soit infâme, comme il devra accepter son exil et sa mort à Ravenne. Il doit accepter le mal du monde tout en adorant ce Dieu qu'il ne comprend pas.

Un personnage manque dans *la Divine Comédie* et il ne pouvait y figurer car il aurait été trop humain : c'est Jésus. Il n'apparaît pas dans *la Divine Comédie*, ce Jésus des Evangiles : le Jésus humain des Evangiles ne peut être la Deuxième Personne de la Trinité qu'exige *la Divine Comédie*.

J'en arrive enfin au second épisode qui est pour moi le sommet de *la Divine Comédie*. Il se trouve au vingt-sixième chant. C'est l'épisode d'Ulysse. J'ai écrit un jour un article intitulé « L'énigme d'Ulysse ». Je l'ai publié, puis je l'ai perdu, aussi vais-je maintenant essayer de le reconstituer. Je crois que c'est l'épisode le plus énigmatique de *la Divine Comédie* et peut-être le plus intense, mais il est très difficile, lorsqu'il s'agit de cimes, de savoir laquelle est la plus haute et *la Divine Comédie* est faite de cimes.

J'ai choisi *la Divine Comédie* pour cette première conférence parce que je suis un homme de lettres et que je tiens cette œuvre pour le sommet de la littérature, de toutes les littératures. Cela ne veut pas dire que je sois d'accord avec sa théologie ni avec ses mythologies. Nous avons là un mélange des mythologies chrétienne et païenne. Mais il ne s'agit pas de cela. Il s'agit du fait qu'aucun livre ne m'a procuré des émotions esthétiques aussi intenses. Je suis, je le répète, un lecteur hédoniste ; je cherche l'émotion dans les livres.

La Divine Comédie est un livre que nous devons tous lire. Ne pas le faire c'est se priver du meilleur don que la littérature puisse nous offrir, c'est nous condamner à un étrange ascétisme. Pourquoi se priver du bonheur de lire *la Divine Comédie* ? D'ailleurs, il ne s'agit pas d'une lecture difficile. Ce qui est difficile c'est ce qui est derrière les mots : les opinions, les discussions ; mais le livre en lui-même est cristallin. Il y a le personnage central, Dante, qui est sans doute le plus vivant de la littérature, puis il y a les autres personnages. Mais je reviens à l'épisode d'Ulysse.

Dante et Virgile arrivent devant une fosse, je crois que c'est la huitième, celle des fourbes. Il y a, au début, une apostrophe contre Florence, dont il est dit qu'elle bat des ailes dans le ciel et sur la terre et que son nom se répand dans l'Enfer. Puis ils voient d'en haut de nombreux feux et dans ces feux, au milieu des flammes, les âmes cachées des fourbes : cachées car elles agirent dans l'ombre. Les flammes dansent et Dante manque de tomber. Virgile le soutient, la voix de Virgile. Ils parlent de ceux qui sont dans ces flammes et Virgile mentionne deux grands noms : celui d'Ulysse et celui de Diomède. Ils sont là parce qu'ils forgèrent ensemble le stratagème du cheval de Troie qui permit aux Grecs de pénétrer dans la ville assiégée.

Ulysse et Diomède sont là et Dante veut faire leur connaissance. Il dit à Virgile son désir de parler à ces deux illustres ombres de l'Antiquité, à ces fameux et grands héros de l'Antiquité. Virgile approuve son désir mais il demande à Dante de le laisser parler car il s'agit de deux Grecs orgueilleux. Mieux vaut que Dante ne parle pas. On a donné à cela diverses explications. Le Tasse a pensé que Virgile voulait se faire passer pour Homère. Ce soupçon est tout à fait absurde et indigne de Virgile car il a lui-même chanté Ulysse et Diomède et si Dante a connu ceux-ci c'est grâce à Virgile. Nous pouvons laisser de côté les hypothèses selon lesquelles Dante aurait été méprisé parce qu'il était un descendant d'Enée ou parce qu'il était un Barbare, méprisable aux yeux des Grecs. Virgile, Diomède et Ulysse sont le songe de Dante. Dante les rêve, mais il les rêve avec une telle intensité, d'une manière si vivante, qu'il peut en venir à penser que ces ombres (qui n'ont d'autre voix que celle qu'il leur donne, qui n'ont d'autre forme que celle qu'il leur prête) peuvent le mépriser, lui qui n'est rien, qui n'a pas encore écrit sa *Divine Comédie*.

Dante est entré dans le jeu comme nous y entrons nous-mêmes : Dante lui aussi est pris au leurre de *la Divine Comédie*. Il se dit : voici d'illustres héros de l'Antiquité et moi je ne suis qu'un pauvre homme. Pourquoi feraient-ils attention à mes propos ? Alors Virgile leur demande de raconter comment ils sont morts et on entend la voix de l'invisible Ulysse. On ne voit pas son visage, il est dans les flammes.

On arrive là à un phénomène prodigieux, à une légende créée par Dante, une légende qui dépasse tout ce qu'on trouve dans *l'Odyssée* ou dans *l'Enéide* et tout ce qu'on trouvera dans cet autre livre où apparaît Ulysse et qui s'intitule *Sindibad de la mer* (Simbad le Marin), dans *les Mille et Une Nuits*.

Plusieurs circonstances ont inspiré à Dante cette légende. Il y a, d'abord, la croyance selon laquelle la ville de Lisbonne aurait été fondée par Ulysse et la croyance en l'existence des îles Fortunées dans l'Atlantique. Les Celtes pensaient avoir peuplé l'Atlantique de pays fantastiques : d'une île, par exemple, où coule un fleuve qui traverse le firmament, qui est rempli de poissons et de navires qui ne tombent pas sur la terre ; ou d'une île tournante, faite de feu ; ou encore d'une île dans laquelle des lévriers de bronze poursuivent des cerfs d'argent. De tout ceci, Dante a dû être quelque peu informé ; mais l'important c'est de voir ce qu'il a fait de ces légendes. Il a créé quelque chose d'essentiellement noble.

Ulysse quitte Pénélope, appelle ses compagnons et leur dit qu'ils ont beau être vieux et fatigués, ils ont couru avec lui mille dangers ; il leur propose une entreprise noble, celle de traverser les Colonnes d'Hercule, de traverser la mer, de connaître l'hémisphère austral qui n'était fait, croyait-on alors, que d'eau ; il n'y avait là, pensait-on, personne. Il leur dit qu'ils sont des hommes et non des bêtes ; qu'ils sont nés pour le courage, pour la connaissance ; qu'ils sont nés pour connaître et pour comprendre. Ils le suivent et « font de leurs rames des ailes »...

Cette métaphore, curieusement, se trouve aussi dans *l'Odyssée* que Dante n'a pu connaître. Ils naviguent donc et laissent derrière eux Ceuta et

Séville, ils pénètrent en haute mer et tournent à gauche. A gauche, « sur la gauche », signifie le mal dans *la Divine Comédie*. Pour accéder au Purgatoire, on prend à droite ; pour descendre en Enfer, on prend à gauche. Autrement dit, le côté gauche, « senestre », a un double sens ; deux mots pour dire une même chose. On nous dit ensuite : « dans la nuit, il voit toutes les étoiles de l'autre hémisphère » — celui de notre hémisphère Sud, chargé d'étoiles. (Un grand poète irlandais, Yeats, parle du *starladen sky*, du « ciel chargé d'étoiles ». Cela n'est pas vrai dans l'hémisphère Nord où les étoiles sont peu nombreuses comparées à celles qui brillent dans le nôtre.)

Ils naviguent pendant cinq mois puis, enfin, ils voient la terre. Ce qu'ils voient c'est une montagne grise dans le lointain, une montagne plus haute que toutes celles qu'ils ont vues jusqu'alors. Ulysse dit que leur joie se change en pleurs car de la terre souffle un tourbillon qui fait sombrer le navire. Cette montagne est celle du Purgatoire, comme on l'apprend dans un autre chant. Dante croit (Dante feint de croire pour des raisons poétiques) que le Purgatoire est l'antipode de Jérusalem.

Nous arrivons donc à ce moment terrible et nous nous demandons pourquoi Ulysse a été puni. Ce n'est manifestement pas à cause du stratagème du cheval de Troie, l'instant majeur de sa vie, aux yeux de Dante comme à nos yeux, se situe ailleurs : dans cette volonté généreuse, intrépide, de vouloir connaître l'interdit, l'impossible. On se demande ce qui fait la force de ce chant. Je voudrais, avant de répondre, rappeler un fait que personne n'a encore signalé, que je sache.

Il s'agit d'un autre grand livre, d'un grand poème de notre temps, du *Moby Dick* d'Herman

Melville, qui certainement connaissait *la Divine Comédie* dans la traduction de Longfellow. Nous avons là l'entreprise insensée du capitaine Achab qui, mutilé, veut se venger de la baleine blanche. Enfin il la rencontre, la baleine le fait sombrer et le grand roman s'achève exactement comme le vingt-sixième chant de Dante : la mer se referme sur eux. Melville a dû se souvenir, en cet instant, de *la Divine Comédie*, quoique je préfère penser que, l'ayant lue, il l'a si bien assimilée qu'il n'a pu s'en souvenir littéralement ; que *la Divine Comédie* faisait partie de son être et qu'il redécouvrit ensuite ce qu'il avait lu des années auparavant, mais l'histoire est la même. Sauf qu'Achab n'est pas mû par un noble élan mais par un désir de vengeance. Ulysse par contre agit en homme supérieur. Il invoque, en outre, une raison juste, qui lui est dictée par l'intelligence, et il est châtié.

D'où vient le poids tragique de cet épisode ? Je crois que la seule explication acceptable est la suivante : Dante a senti qu'Ulysse, en quelque sorte, c'était lui. Je ne sais pas s'il a senti cela de façon consciente et peu importe. Il dit, dans un des tercets de *la Divine Comédie*, qu'il n'est permis à personne de connaître les jugements de la Providence. On ne peut prévoir les jugements de la Providence, personne ne peut savoir qui sera condamné et qui sera sauvé. Mais lui, il a osé, sur le plan poétique, prévoir ce jugement. Il nous montre des condamnés et il nous montre des élus. Il devait bien savoir qu'agir ainsi n'allait pas sans danger ; il ne pouvait ignorer qu'il devançait l'indéchiffrable providence de Dieu.

Ce qui donne sa force au personnage d'Ulysse, c'est qu'il est un reflet de Dante, que Dante a peut-être senti qu'il méritait le même châtiment. Il est vrai qu'en écrivant son poème, il avait enfreint les

33

mystérieuses lois de la nuit, de Dieu, de la Divinité.

Pour terminer, je voudrais simplement insister sur le fait qu'on n'a pas le droit de se priver du bonheur de lire *la Divine Comédie*, de la lire de façon naïve. Ensuite viendront les commentaires, le désir de savoir ce que signifie chaque allusion mythologique, de voir comment Dante a pris un vers célèbre de Virgile et l'a peut-être amélioré en le traduisant. On doit d'abord lire l'œuvre avec une foi d'enfant, s'abandonner à elle ; après, elle nous accompagnera jusqu'à la fin. Depuis tant d'années que ce livre m'accompagne, je sais que si je l'ouvre demain j'y trouverai encore des choses qui m'avaient échappé. Je sais que ce livre existera au-delà de ma veille, au-delà de nos veilles.

Le cauchemar

Les rêves sont le genre dont le cauchemar est l'espèce. Je parlerai d'abord des rêves et ensuite des cauchemars.

J'ai relu ces jours-ci des livres de psychologie. Ils m'ont singulièrement déçu. Dans tous il n'était question que de l'instrument ou de l'objet des rêves (j'y reviendrai plus tard) mais jamais on n'y parlait, comme je l'eusse désiré, de ce qu'avait d'étonnant, d'étrange, le fait même de rêver.

On peut ainsi lire, dans un traité de psychologie que j'apprécie beaucoup, *The Mind of Man*, de Gustav Spiller, que les rêves correspondent au plan le plus bas de l'activité mentale — ce que je tiens pour une erreur — et l'on évoque les incohérences, le décousu des inventions du rêve. Je voudrais ici rappeler Groussac et son admirable étude *Entre sueños* (Entre deux rêves) — que ne puis-je me la rappeler et la citer tout entière ! Groussac, à la fin de cet essai qui se trouve dans le second volume, je crois, de *El viaje intelectual* (le Voyage intellectuel), dit qu'il est surprenant qu'on se réveille chaque matin sain d'esprit, ou à peu près sain d'esprit, après avoir traversé les zones d'ombre, les labyrinthes de nos rêves.

L'étude des rêves présente une difficulté particulière. Nous ne pouvons pas les observer directement. Nous ne pouvons parler que du souvenir de nos rêves. Or il est possible que ce souvenir ne corresponde pas directement à nos rêves. Un grand écrivain du dix-septième siècle, sir Thomas Browne, pensait que le souvenir que nous gardons de nos rêves était plus pauvre que leur splendide réalité. D'autres, par contre, pensent que nous les améliorons : si nous croyons — et c'est mon avis — que le rêve est une œuvre de fiction, il est possible que nous continuions à fabuler au moment du réveil puis quand nous racontons ensuite nos rêves. Je pense maintenant au livre de Dunne, *An Experiment with Time*. Je ne suis pas d'accord avec sa théorie mais elle est si séduisante qu'elle mérite d'être exposée. Au préalable, et pour la rendre plus claire (je saute d'un livre à un autre, mes souvenirs sont plus agiles que mes pensées), je voudrais rappeler le grand livre de Boèce, *De consolatione philosophiae*, que Dante a sans doute lu et relu comme il a lu et relu toute la littérature du Moyen Age. Boèce, qu'on a appelé *le dernier Romain*, le sénateur Boèce, imagine un homme qui assiste à une course de chevaux.

Ce spectateur est dans l'hippodrome et il voit de sa loge les chevaux, le départ de la course, ses vicissitudes, l'arrivée au poteau de l'un des chevaux, tout cela successivement. Mais Boèce imagine un autre spectateur qui est à la fois spectateur du spectateur et spectateur de la course : c'est, on l'a deviné, Dieu. Dieu voit l'ensemble de la course, il voit en un seul instant éternel, en leur éternité instantanée, le départ des chevaux, les vicissitudes de la course, l'arrivée. Il voit tout d'un seul ample coup d'œil, comme il voit toute l'histoire universelle. Boèce sauvegarde ainsi ces deux notions : l'idée du libre arbitre et l'idée de la Providence.

De même que le spectateur voit toute notre course sans intervenir dans son déroulement (mais il la voit de façon successive), Dieu voit toute notre course, du berceau à la tombe. Il n'intervient pas dans nos actions, nous agissons librement, mais Dieu sait déjà — disons, en cet instant présent — notre destin final. Dieu voit ainsi l'histoire universelle, ce qui arrive dans l'histoire universelle ; il voit tout cela en un seul, splendide, vertigineux instant qui est l'éternité.

Dunne est un écrivain anglais de notre siècle. Je ne connais pas de titre plus intéressant que celui de son livre : *An Experiment with Time*. Dans cet ouvrage, il imagine que chacun de nous possède une sorte de modeste éternité personnelle : cette modeste éternité, nous la possédons chaque nuit. Ce soir, nous nous endormirons, nous rêverons que c'est mercredi. Nous rêverons du mercredi et du jour suivant, du jeudi, peut-être du vendredi ou peut-être du mardi... A chaque homme il est donné, par le rêve, une petite éternité personnelle qui lui permet de voir son proche passé et son proche avenir.

Tout cela, le rêveur le voit d'un seul coup d'œil, comme Dieu, depuis sa vaste éternité, voit tout le processus cosmique. Que se passe-t-il au réveil ? Comme nous sommes habitués à la vie successive, il se passe que nous donnons une forme narrative à notre rêve mais ce rêve a été à la fois multiple et simultané.

Prenons un exemple très simple. Supposons que je voie en rêve un homme, la simple image d'un homme (il s'agit d'un rêve très pauvre) puis, aussitôt après, l'image d'un arbre. En me réveillant je peux donner à ce rêve si simple une complexité qu'il n'a pas : je peux penser que j'ai rêvé d'un homme qui se transforme en arbre, d'un homme qui était un arbre. Je modifie les données, je me mets à fabuler.

Nous ne savons pas exactement ce qui se passe quand nous rêvons : il n'est pas impossible que nous soyons alors au ciel, que nous soyons en enfer, que peut-être nous soyons quelqu'un, quelqu'un qui est ce que Shakespeare a appelé *the thing I am*, « la chose que je suis », peut-être que nous soyons nous-mêmes, ou la Divinité. Cela, nous l'oublions au réveil. Nous ne pouvons examiner de nos rêves que leur souvenir, leur souvenir appauvri.

J'ai lu aussi le livre de Frazer, un écrivain suprêmement ingénieux, c'est certain, mais aussi très crédule car il semble prendre pour argent comptant tout ce que lui racontent les voyageurs. Selon lui, les sauvages ne distinguent pas la veille du sommeil. Les rêves sont pour eux un épisode de la veille. Ainsi, selon Frazer, ou selon les récits de voyages qu'a lus Frazer, un sauvage rêve qu'il part en forêt et qu'il tue un lion ; quand il se réveille, il pense que son âme a quitté son corps et qu'elle a tué un lion en rêve. Ou, si nous voulons compliquer un peu plus les choses, nous pouvons supposer que son âme a tué le rêve d'un lion. Tout cela est possible et, bien entendu, cette idée des sauvages coïncide avec l'idée des enfants qui ne distinguent pas très bien la veille du rêve.

Je citerai un souvenir personnel. Un de mes neveux, qui devait avoir cinq ou six ans à l'époque — mes dates sont assez faillibles —, me racontait ses rêves chaque matin. Je me souviens qu'une fois (il était assis par terre) je lui demandai à quoi il avait rêvé. Docilement, connaissant mon *hobby*, il me dit : « Cette nuit, j'ai rêvé que j'étais perdu dans un bois, j'avais peur mais je suis arrivé dans une clairière et il y avait une maison blanche en bois, avec un escalier qui faisait tout le tour et avec des marches comme un couloir et aussi une porte, et tu es sorti par cette porte. » Il s'interrompit soudain et ajouta : « Dis-moi, qu'est-ce que tu faisais dans cette petite maison ? »

Tout se déroulait pour lui sur un seul plan, la veille comme le rêve. Et cela nous amène à une autre hypothèse, celle des mystiques, celle des métaphysiciens, l'hypothèse contraire qui, pourtant, se confond avec la première.

Pour le sauvage comme pour l'enfant les rêves sont un épisode de la veille, pour les poètes et les mystiques il n'est pas impossible que toute veille ne soit que songe. C'est ce qu'a dit, de façon sèche et laconique, Calderón : la vie est un songe. Et c'est ce qu'a dit Shakespeare, en se servant d'une image : « Nous sommes faits du même bois que nos songes » ; et c'est ce qu'a dit magnifiquement le poète autrichien Walter von der Vogelweide, quand il se demande (je le citerai d'abord dans mon mauvais allemand puis en essayant de le traduire) : *Ist es mein Leben geträumt oder ist es wahr ?* « Ai-je rêvé ma vie ou a-t-elle été un songe ? » Il n'en sait rien. Cela nous amène, évidemment, au solipsisme, c'est-à-dire à penser qu'il y a un être seul qui rêve et que cet être qui rêve c'est chacun d'entre nous. Ce rêveur — moi, en l'occurrence — est à cet instant même en train de vous rêver ; il rêve cette salle et cette conférence. Il y a un seul rêveur ; ce rêveur rêve tout le processus cosmique, toute l'histoire universelle antérieure, il rêve même son enfance, sa jeunesse. Tout cela pourrait ne s'être pas produit : à cet instant il commence à exister, il commence à rêver et il est chacun de nous, pas *nous tous* mais *chacun d'entre nous*. En ce moment, je rêve que je donne une conférence rue Charcas, que je cherche à développer tant bien que mal mon sujet, je vous rêve mais ce n'est pas exact. Chacun de vous me rêve et rêve les autres.

Il y a les deux façons suivantes de voir les choses : celle qui estime que les rêves font partie de la veille et l'autre, splendide, celle des poètes, qui estime que toute veille est un songe. Il n'y a pas de différence entre les deux états. Cette idée rejoint l'opinion de Groussac : il n'y a pas de différence dans notre activité mentale. Que nous soyons éveillés ou que nous dormions ou rêvions, notre activité mentale est la même. Et Groussac cite, précisément, cette phrase de Shakespeare : « Nous sommes faits du même bois que nos rêves. »

On ne peut éluder une autre question : celle des rêves prophétiques. C'est le propre d'une mentalité avancée de croire que les rêves correspondent à la réalité, puisque aujourd'hui on distingue ces différents plans.

Dans un passage de l'Odyssée on parle de deux portes, une de corne et une autre d'ivoire. Par celle d'ivoire arrivent aux hommes les rêves trompeurs et par celle de corne les rêves véridiques ou prophétiques. Et dans un passage de l'Enéide (un passage qui a suscité d'innombrables commentaires), dans le livre IX ou X, je ne sais plus, Enée descend jusqu'aux Champs Elysées, au-delà des Colonnes d'Hercule : il parle avec les grandes ombres d'Achille, de Tirésias ; il voit l'ombre de sa mère et il veut l'embrasser mais en vain car elle n'est faite que d'ombre ; et il voit, en outre, la future grandeur de la ville qu'il va fonder. Il voit Romulus, Remus, la campagne autour et dans cette campagne, il voit le futur Forum romain, la future grandeur de Rome, la grandeur d'Auguste, toute la grandeur impériale. Et après avoir vu tout cela, après avoir conversé avec les contemporains de cette époque qui pour lui sont des gens du futur, Enée revient sur la terre. Alors se produit ce phénomène curieux, qui n'a pas été bien expliqué, sauf par un commentateur anonyme qui, je crois, a vu juste. Enée revient par la porte d'ivoire et non par la porte de corne. Pourquoi ? Le commentateur nous le dit : parce que nous ne sommes pas réellement dans la réalité. Pour Virgile, le monde véritable était sans doute le monde platonicien, le monde des archétypes. Enée passe par la porte d'ivoire parce qu'il entre alors dans le monde des songes — c'est-à-dire dans ce que nous appelons la veille.

Tout cela est, certes, possible.

Venons-en maintenant à l'espèce : au cauchemar. Il ne sera pas inutile d'en rappeler les divers noms.

Le nom espagnol n'est pas très heureux : *pesadilla*, ce diminutif semble lui ôter de la force. Dans d'autres langues, il a des noms plus forts. Le mot grec est *efialtes* : Efialtes est le démon qui inspire le cauchemar. En latin, nous avons l'*incubus*. L'incube est le démon qui oppresse le dormeur et lui inspire son cauchemar. En allemand, nous avons un mot très curieux : *Alp*, qui pourrait vouloir dire l'elfe et l'oppression de l'elfe, donnant la même idée d'un démon inspirateur du cauchemar. Et il existe un tableau, un tableau qu'a vu De Quincey, un des grands rêveurs de cauchemars de la littérature. Un tableau de Fussele ou Füssli de son véritable nom, un peintre suisse du dix-huitième siècle, qui s'intitule *The Nightmare* (le Cauchemar). Une jeune fille, couchée, se réveille atterrée car elle voit que sur son ventre s'est allongé un monstre petit, noir et méchant. Ce monstre, c'est le cauchemar. Quand Füssli a peint ce tableau, il pensait au mot *Alp*, à l'oppression de l'elfe.

Venons-en au mot le plus savant et le plus ambigu, au nom anglais du cauchemar : *the nightmare*, que nous traduirons par « la jument de la nuit ». Shakespeare lui donnait ce sens. Il a dit dans un de ses vers : *I meet the nightmare*, « Je rencontrai la jument de la nuit ». Il est évident qu'il se représente une jument. Dans un autre poème, il dit très explicitement *the nightmare and her nine foals*, « le cauchemar et ses neuf poulains », où là encore le cauchemar prend la forme d'une jument.

Mais, selon les étymologistes, la racine serait autre. La racine serait *niht mare* ou *niht maere*, le démon de la nuit. Samuel Johnson, dans son fameux dictionnaire, dit qu'il est question ici de la mythologie nordique — nous dirions aujourd'hui de la mythologie anglo-saxonne — qui considère que le cauchemar est produit par un démon ; ce qui serait une réplique ou, sans doute, une traduction de l'*efialtes* grec ou de l'*incubus* latin.

Une autre interprétation pourrait nous servir, qui ferait dériver le mot anglais *nightmare* de l'allemand *Märchen*. *Märchen* veut dire fable, conte de fées, fiction ; *nightmare* serait donc la fiction de la nuit. Cela dit, le fait de voir dans *nightmare* « la jument de la nuit » (cette « jument de la nuit » a quelque chose de terrifiant) a bien servi Hugo. Il savait l'anglais et il a écrit un livre trop oublié sur Shakespeare. Dans un de ses poèmes, qui se trouve, je crois, dans *les Contemplations*, il parle du *cheval noir de la nuit*, le cauchemar. Il pensait sans doute au mot anglais *nightmare*.

Après ces étymologies diverses, nous avons encore le mot français *cauchemar*, lié sans doute au *nightmare* anglais. Dans tous ces mots (j'y reviendrai) il y a l'idée d'une origine démoniaque, l'idée qu'un démon provoque le cauchemar. Je ne crois pas qu'il s'agisse là d'une simple superstition : je crois qu'il peut y avoir — et je le dis en toute bonne foi et en toute franchise — quelque chose de vrai dans ce concept.

Entrons dans le cauchemar, dans les cauchemars. Les miens sont toujours les mêmes. Je dirais que je fais deux cauchemars qui peuvent arriver à se confondre en un seul. Je rêve d'un labyrinthe et cela est dû en partie à une gravure que j'ai vue dans un livre français quand j'étais enfant. Cette gravure représentait les Sept Merveilles du monde et parmi elles le labyrinthe de Crète. Ce labyrinthe est un grand amphithéâtre, un amphithéâtre très élevé (cela se voyait car il était plus grand que les cyprès et que les hommes tout autour). Dans cet édifice clos, sinistrement clos, apparaissaient des fissures. Je croyais quand j'étais enfant (ou je crois maintenant avoir cru) que si j'avais une loupe assez puissante je pourrais voir, regarder à travers une des fissures de la gravure, dans le redoutable centre du labyrinthe, le Minotaure.

Mon autre cauchemar est celui du miroir, mais les deux rêves ne sont pas différents l'un de l'autre car il suffit de deux miroirs opposés pour construire un labyrinthe. Je me souviens d'avoir vu chez Dora de Alvear, à Belgrano, une pièce circulaire dont les murs et les portes étaient faits de glaces si bien que lorsqu'on pénétrait dans ce lieu, on était au centre d'un labyrinthe réellement infini.

Je rêve toujours de labyrinthes ou de miroirs. Dans mes rêves de miroirs apparaît une autre vision, une autre terreur de mes nuits, qui est l'idée des masques. Les masques m'ont toujours fait peur. Sans doute ai-je eu l'impression dans mon enfance que si quelqu'un mettait un masque c'était pour cacher quelque chose d'horrible. Parfois (et c'est mon pire cauchemar) je me vois reflété dans un miroir mais je me vois portant un masque. J'ai peur d'arracher ce masque car j'ai peur de voir mon véritable visage, que j'imagine atroce. Là-dessous, il peut y avoir la lèpre, le mal ou quelque chose de plus terrifiant que tout ce que je puis imaginer.

Une particularité de mes cauchemars, je ne sais s'il en va de même pour vous, c'est qu'ils ont une topographie exacte. Je rêve toujours par exemple à des coins de rues précis de Buenos Aires. Je suis à l'angle des rues Laprida et Arenales, ou à l'angle de Balcarce et Chile. Je sais exactement où je me trouve et je sais que je dois aller loin de là. Dans mon rêve, ces endroits ont une topographie précise mais ils sont tout autres. Ce sont des défilés, des bourbiers, des jungles, peu importe : je sais que je suis à tel croisement de rues, à Buenos Aires. J'essaie de trouver mon chemin.

De toute façon, dans les cauchemars, l'important ce ne sont pas les images. L'important, comme le découvrit Coleridge — décidément je cite les poètes —, c'est l'impression que produisent les rêves. L'image est secondaire, elle n'est qu'un résultat. J'ai dit en commençant que j'avais lu de nombreux traités de psychologie, or je n'ai trouvé en aucun d'eux des textes de poètes et ils sont pourtant singulièrement éclairants.

Prenons un texte de Pétrone. Un vers de Pétrone cité par Addison. Il dit que lorsqu'elle est libérée du poids du corps, l'âme joue. « L'âme, sans le corps, joue. » Quant à Góngora, il exprime avec exactitude, dans un sonnet, l'idée que les rêves et — il va sans dire — le cauchemar sont des fictions, des créations littéraires :

El sueño, autor de representaciones,
en su teatro sobre el viento armado
sombras suele vestir de bulto bello.

Le rêve auteur de représentations
en son théâtre planté dans le vent
habille parfois de formes belles des ombres.

Le rêve est une représentation. Cette idée a été reprise par Addison au début du dix-huitième siècle dans un excellent article publié dans la revue *The Spectator*.

J'ai déjà cité Thomas Browne. Il dit que les rêves nous donnent une idée de la supériorité de l'âme car l'âme est indépendante du corps et encline à jouer et à rêver. Il croit que l'âme est libre. Et Addison dit qu'effectivement l'âme, quand elle est libérée de l'entrave du corps, laisse jouer son imagination, ce qu'elle peut faire bien plus aisément que durant la veille. Il ajoute que de toutes les opérations de l'âme (de l'esprit dirions-nous aujourd'hui car le mot âme n'a plus cours), la plus difficile est l'invention. Pourtant, dans le rêve, nous inventons d'une façon si rapide que nous confondons notre pensée avec ce que nous sommes en train d'inventer. Nous rêvons que nous lisons un livre et en réalité nous sommes en train d'inventer chacun des mots du livre, mais nous ne nous en rendons pas compte et nous prenons ce livre pour étranger à nous. J'ai remarqué dans beaucoup de rêves ce travail préalable, disons ce travail de préparation des choses.

Je me souviens d'un cauchemar que j'ai eu. J'étais, je le sais, rue Serrano ; je crois que je me trouvais au croisement des rues Serrano et Soler, pourtant je ne reconnaissais pas le croisement, le paysage était très différent : mais *je savais* que j'étais dans la vieille rue Serrano, à Palermo. Je rencontrais un ami, un ami qui m'était inconnu : je le regardais et je le trouvais très changé. Je n'avais jamais vu son visage mais je savais que ce visage ne pouvait être le sien. Mon ami était très changé, très triste. Il avait l'air miné par le chagrin, par la maladie, peut-être par un sentiment de faute. Sa main droite était enfouie dans son manteau (ce détail est important dans le rêve). Je ne pouvais pas voir sa main, qu'il cachait du côté du cœur. Alors je l'ai embrassé, j'ai senti qu'il avait besoin de mon aide : « Mais, mon pauvre Untel, que t'est-il arrivé ? Comme tu as changé ! » Il m'a répondu : « Oui, j'ai bien changé. » Lentement, il a sorti sa main. J'ai pu voir que c'était une serre d'oiseau.

Ce qui est étrange c'est que, dès le début, l'homme avait la main cachée. J'avais préparé, à mon insu, cette invention : que l'homme ait eu une serre d'oiseau et qu'il ait constaté un terrible changement, un terrible malheur, puisqu'il était en train de se transformer en oiseau. Il peut aussi arriver ceci dans les rêves : on nous pose une question et nous ne savons quoi répondre, on nous donne la réponse et elle nous étonne. Même si la réponse est absurde, elle est exacte dans le rêve. Nous avions tout préparé. J'en arrive à cette conclusion — je ne sais si elle est scientifique — que les rêves sont l'activité esthétique la plus ancienne.

Nous savons que les animaux rêvent. On trouve dans la poésie latine un lévrier qui aboie après le lièvre qu'il poursuit en rêve. Le rêve serait donc la plus ancienne des activités esthétiques et d'autant plus curieuse qu'elle est d'ordre dramatique. Je voudrais ajouter ce que dit Addison (confirmant, sans le savoir, l'opinion de Góngora) à propos du rêve, auteur de représentations. Addison observe que dans le rêve nous sommes à la fois le théâtre, l'auditoire, les acteurs, l'argument, les paroles que nous entendons. Tout nous vient inconsciemment et tout prend un relief inhabituel dans la réalité. Certaines personnes ont des rêves vagues, flous (du moins, c'est ce qu'elles me disent). Mes rêves à moi sont très vivants.

Revenons à Coleridge. Il dit que peu importe ce que nous rêvons, que le rêve se cherche des explications. Il prend un exemple : un lion apparaît parmi nous et nous avons tous peur ; la peur a été causée par l'image du lion. Ou encore : je suis couché, je me réveille, je vois qu'un animal s'est assis sur moi et j'ai peur. Mais dans le rêve il peut arriver le contraire. Nous pouvons éprouver de l'oppression et cette oppression se cherche une explication. Alors, absurdement mais de façon très vivante, je rêve qu'un sphinx s'est couché sur moi. Le sphinx n'est pas la cause de ma terreur, c'est une explication de l'oppression ressentie. Coleridge ajoute que des personnes qu'on a effrayées avec un faux fantôme sont devenues folles. Par contre, une personne qui rêve d'un fantôme se réveille et au bout de quelques minutes, ou de quelques secondes, elle peut retrouver sa sérénité.

J'ai fait — je fais toujours — beaucoup de cauchemars. Le plus terrifiant, celui qui m'a paru le plus terrifiant, m'a servi pour faire un sonnet. Voilà ce qui s'était passé : j'étais dans ma chambre ; le jour se levait (j'étais peut-être dans mon sommeil de l'aube), au pied de mon lit se tenait un roi, un très ancien roi, et je savais dans mon rêve que c'était un roi nordique, un roi de Norvège. Il ne me regardait pas : de son regard aveugle, il fixait le plafond. Je savais que c'était un très ancien roi car son aspect était d'un autre âge. Alors j'ai eu peur de cette présence. Je voyais le roi, je voyais son épée, je voyais son chien. J'ai fini par me réveiller. Mais j'ai continué à voir le roi pendant un moment car il m'avait impressionné. Raconté, mon rêve n'est rien ; rêvé, il avait été terrifiant.

Je voudrais vous parler d'un cauchemar que m'a raconté dernièrement Susana Bombal. Je ne sais si le récit que je vais en faire produira quelque effet. Peut-être pas. Elle a rêvé qu'elle se trouvait dans une pièce voûtée dont la partie supérieure se perdait dans les ténèbres. De ces ténèbres tombait une toile noire effilochée. Elle tenait dans sa main une grande paire de ciseaux assez malcommode. Elle devait couper les effilochures qui pendaient de la toile et qui étaient en grand nombre. Ce qu'elle voyait s'étendait sur environ un mètre cinquante de large et un mètre cinquante de haut puis disparaissait dans les ténèbres supérieures. Elle coupait tout en sachant qu'elle n'arriverait pas au bout de sa tâche. Et elle eut alors cette sensation d'horreur qui est le cauchemar, car le cauchemar c'est, avant tout, cette sensation d'horreur.

Après ces deux cauchemars véritables, je vais raconter maintenant deux cauchemars de la littérature qui furent peut-être eux aussi véritables. J'ai parlé, dans ma conférence antérieure, de Dante, j'ai fait allusion au *nobile castello* de l'*Enfer*. Dante raconte comment, guidé par Virgile, il arrive au premier cercle et voit pâlir son guide. Il se dit : si Virgile pâlit en entrant dans l'Enfer qui est sa demeure éternelle, comment pourrais-je ne pas avoir peur ? Et il le dit à Virgile, qui est terrifié. Mais ce dernier le presse : « J'irai, moi, devant. » Alors ils arrivent, et ils arrivent à l'improviste car on entend en outre des plaintes sans fin ; mais ces plaintes n'expriment pas une douleur physique, elles signifient quelque chose de plus grave.

Ils arrivent à un noble château, à un *nobile castello*. Il est ceint de sept murailles qui peuvent

48

être les sept arts libéraux du *trivium* et du *quadrivium* ou les sept vertus, peu importe. Dante a probablement senti que ce chiffre était magique. Ce chiffre suffisait et on lui trouverait sans doute de nombreuses justifications. Il est aussi question d'un ruisseau qui disparaît et d'une fraîche prairie qui disparaît à son tour. Quand ils s'en approchent, ce qu'ils voient c'est de l'émail. Ils voient non de l'herbe, qui est une chose vivante, mais une chose morte. Au-devant d'eux avancent quatre ombres qui sont celles des grands poètes de l'Antiquité. Il y a là Homère, l'épée à la main ; il y a là Ovide, Lucain et Horace. Virgile dit à Dante de saluer Homère, qu'il vénérait tant et qu'il ne lut jamais. Il lui dit : *Onorate l'altissimo poeta*. Homère s'avance, l'épée à la main, et admet Dante comme sixième membre du groupe. Dante, qui n'a pas encore écrit *la Divine Comédie*, puisqu'il est en train de l'écrire à ce moment-là, se sait néanmoins capable de l'écrire.

Ensuite on lui dit des choses qu'il ne convient pas de répéter. On pourrait penser à de la pudeur chez le Florentin mais je crois qu'il y a à cela une raison plus profonde. Il parle des habitants du noble château — là se trouvent les grandes ombres du monde païen et du monde musulman —, tous parlent avec lenteur et à mi-voix, leurs visages sont empreints de majesté mais ils sont privés de Dieu. Ils vivent l'absence de Dieu, ils savent qu'ils sont condamnés à cet éternel château, à ce château éternel et prestigieux mais effroyable.

Il y a là Aristote, le maître de ceux qui savent. Et les philosophes présocratiques, et Platon. Il y a aussi, seul et à l'écart, le grand sultan Saladin. Il y a tous ces grands païens qui n'ont pu être sauvés parce qu'il leur a manqué le baptême, qui n'ont pu être sauvés par le Christ, dont Virgile parle mais qu'il ne peut nommer en Enfer : il le qualifie de Puissant. On pourrait penser que Dante n'avait pas encore découvert son talent dramatique, qu'il ne savait pas encore qu'il pouvait faire parler ses personnages. On pourrait déplorer le fait que Dante ne répète pas les grandes paroles, sans doute insignes, qu'Homère, cette ombre auguste, lui a dites en tendant son épée. Mais on peut aussi penser que Dante a senti qu'il valait mieux que tout fût silencieux, que tout fût effroyable dans ce château. Ils parlent aux grandes ombres. Dante les énumère : il parle de Sénèque, de Platon, d'Aristote, de Saladin, d'Averroès. Il les mentionne mais nous n'avons pas entendu une seule parole. Il est préférable qu'il en soit ainsi.

Il me semble que l'Enfer tel que nous nous le représentons n'est pas un cauchemar, c'est simplement une chambre de torture. Il s'y passe des choses atroces mais on n'y trouve pas cette atmosphère de cauchemar qu'il y a dans le « noble château » et que Dante est probablement le premier à nous offrir en littérature.

Un autre exemple de cauchemar, qui fit l'admiration de De Quincey, se trouve dans le second volume de *The Prelude*, de Wordsworth. Celui-ci nous dit qu'il était préoccupé — et cette préoccupation est surprenante étant donné qu'il écrivait au début du dix-neuvième siècle — du danger qu'encouraient les arts et les sciences, qui étaient à la merci de n'importe quel cataclysme cosmique. A l'époque, on ne pensait pas à de tels cataclysmes ; aujourd'hui nous pouvons craindre à tout moment que l'œuvre entière de l'humanité, l'humanité elle-même, ne soit détruite. Nous pensons à la bombe atomique. Wordsworth raconte donc qu'il s'entretenait avec un ami. « Quelle horreur, lui dit-il, quelle horreur de penser que les grandes œuvres de l'humanité, que les sciences, que les arts sont à la merci d'un cataclysme cosmique ! » L'ami lui avoue alors que lui aussi a eu cette crainte. Et Wordsworth ajoute : « Voici ce que j'ai rêvé... »

Vient alors le récit de ce rêve qui me semble être le cauchemar parfait car il en réunit les deux éléments : d'une part des épisodes de malaises physiques, de persécution, et de l'autre un élément d'horreur, de surnaturel. Wordsworth nous dit qu'il se trouvait dans une grotte devant la mer, qu'il était midi, qu'il lisait dans le *Don Quichotte*, un de ses livres préférés, les aventures du chevalier errant que raconte Cervantès. Il ne mentionne pas ouvertement le titre du livre mais nous savons parfaitement qu'il s'agit de celui-là. Il ajoute : « Je laissai le livre, je me mis à réfléchir ; je pensai, précisément, à cette question des sciences et des arts puis ce fut l'heure. » L'heure intense de midi, la chaleur étouffante de midi et Wordsworth, assis dans sa grotte face à la mer (alentour il y a la plage, les sables jaunes), se rappelle : « Le sommeil s'empara de moi et je me mis à rêver. »

Il s'est endormi dans sa grotte, devant la mer, parmi les sables dorés de la plage. Dans son rêve, le sable l'environne, un Sahara de sable noir. Il n'y a pas d'eau, il n'y a pas de mer. Il est au centre d'un désert — dans le désert on est toujours au centre — et il se demande, terrifié, comment s'échapper quand il s'aperçoit que quelqu'un est près de lui. Fait étrange, c'est un Arabe de la tribu des Bédouins, monté sur un chameau et tenant une lance dans sa main droite. Sous son bras gauche il serre une pierre et dans sa main un coquillage. L'Arabe lui dit qu'il a pour mission de sauver les arts et les sciences et il lui approche le coquillage près de l'oreille ; le coquillage est d'une extraordinaire beauté. Wordsworth nous dit qu'il a entendu la prophétie (« dans une langue que je ne connaissais pas mais que je compris ») : une sorte d'ode passionnée, annonçant que la Terre était sur le point d'être détruite par le déluge qu'envoyait la colère de Dieu. L'Arabe précise que c'est vrai, que le déluge approche mais qu'il a, lui, une mission à accomplir : il doit sauver les arts et les sciences. Il lui montre la pierre. Et cette pierre, curieusement, est la *Géométrie* d'Euclide sans cesser pour autant d'être une pierre. Puis il lui tend le coquillage et le coquillage est aussi un livre : le livre qui lui a annoncé ces choses terribles. Le coquillage est aussi toute la poésie du monde y compris, pourquoi pas ? le poème de Wordsworth. Le Bédouin lui dit : « Je dois sauver ces deux objets, la pierre et le coquillage, ces deux livres. » Il tourne la tête et Wordsworth, à un moment donné, voit le visage du Bédouin changer, refléter l'effroi. Il regarde à son tour derrière lui et voit une grande clarté, une clarté qui a déjà inondé la moitié du désert. C'est celle des eaux du déluge qui va détruire la Terre. Le Bédouin s'éloigne et Wordsworth constate que ce Bédouin est aussi Don Quichotte et le chameau Rossinante, et que, tout comme la pierre est un livre et le coquillage un livre, le Bédouin est Don Quichotte, il est, à la fois, ces deux choses et aucune des deux. Dans cette dualité réside l'horreur du rêve. Wordsworth alors se réveille en poussant un cri d'effroi car les eaux l'ont atteint.

Je crois que ce cauchemar est l'un des plus beaux de la littérature.

Il va nous permettre de tirer deux conclusions, du moins pour ce soir ; notre opinion changera peut-être par la suite. La première c'est que les rêves sont une création esthétique, sans doute l'expression esthétique la plus ancienne. Elle prend une forme étrangement dramatique étant donné que nous sommes à la fois, comme l'a dit Addison, le théâtre, le spectateur, les acteurs et l'argument. La seconde a trait à ce qu'a d'horrible le cauchemar. Notre veille abonde en moments pénibles : nous savons tous qu'il y a des moments où la réalité nous accable. Une personne qui nous était chère est morte, un être aimé nous quitte, il y a bien des motifs de tristesse, de désespoir... Rien de cela pourtant ne ressemble au cauchemar ; le cauchemar a son horreur spécifique et cette horreur spécifique peut s'exprimer à travers n'importe quelle fable. Elle peut s'exprimer à travers ce Bédouin qui, chez Wordsworth, est aussi Don Quichotte ; à travers un rêve de ciseaux et d'effilochures ; à travers mon rêve du roi ; à travers les célèbres cauchemars d'Edgar Poe. Mais un élément est essentiel : c'est la *saveur* du cauchemar. Dans aucun des traités que j'ai consultés on ne parle de cette horreur spécifique.

Nous pourrions tenter ici une interprétation théologique, ce qui reviendrait à donner raison à l'étymologie. Prenons l'un des mots suivants : l'*incubus* latin, par exemple, ou le *nightmare* anglais, ou l'*Alp* allemand. Tous suggèrent quelque chose de surnaturel. Mais alors, les cauchemars seraient-ils purement surnaturels ? Seraient-ils des brèches de l'enfer ? Serions-nous, dans le cauchemar, littéralement en enfer ? Pourquoi pas ? Tout est si étrange que même cela est possible.

Les Mille et Une Nuits

Un événement capital de l'histoire des nations occidentales a été la découverte de l'Orient. Il serait plus exact de parler d'une conscience de l'Orient, continue et comparable à la présence de la Perse dans l'histoire grecque. Outre cette prise de conscience de l'Orient — phénomène vaste, immobile, magnifique, incompréhensible — il y a des points culminants et je vais en énumérer quelques-uns. Cela me paraît nécessaire pour aborder ce sujet que j'aime tellement, que j'aime depuis mon enfance, le *Livre des mille et une nuits* ou, comme on l'a appelé dans la version anglaise — la première que j'ai lue — *The Arabian Nights* : *les Nuits arabes*. Un titre qui a aussi son mystère quoiqu'il soit moins beau que le *Livre des mille et une nuits*.

Je vais énumérer quelques faits : les neuf livres d'Hérodote avec leur révélation de l'Egypte, de la lointaine Egypte. Je dis « la lointaine » car l'espace se mesure au temps et les navigations étaient alors hasardeuses. Pour les Grecs, le monde égyptien représentait une civilisation plus ancienne qui leur semblait mystérieuse.

Nous examinerons ensuite les mots d'Orient et d'Occident, que nous ne pouvons définir mais qui correspondent à des réalités. Il se passe avec ces

54

mots ce que saint Augustin disait qu'il se passait avec le temps : « Qu'est-ce que le temps ? Si on ne me le demande pas je le sais ; si on me le demande je ne le sais plus. » Qu'est-ce que l'Orient et qu'est-ce que l'Occident ? Si on me le demande, je ne sais que répondre. Tentons une approximation.

Considérons les rencontres, les guerres et les campagnes d'Alexandre. Alexandre, qui conquiert la Perse, qui conquiert l'Inde et qui finit, comme on sait, par mourir à Babylone. Ce fut la première grande rencontre de l'Orient, une rencontre qui marqua tellement Alexandre qu'il cessa d'être un Grec pour devenir en partie un Perse. Aujourd'hui, les Persans ont intégré à leur histoire cet Alexandre qui dormait avec son *Iliade* et son épée sous l'oreiller. Nous reviendrons à lui mais puisque nous avons mentionné son nom, je voudrais vous raconter une légende qui, j'en suis sûr, va vous intéresser.

Alexandre ne meurt pas à Babylone à trente-trois ans. Il quitte une armée et erre dans des déserts et des forêts puis il aperçoit une clarté. Cette clarté est celle d'un feu de bois.

Autour de ce feu sont assis des guerriers au teint jaune et aux yeux obliques. On l'accueille sans savoir qui il est. Comme c'est avant tout un soldat, il prend part à des batailles dans une géographie qui lui est tout à fait inconnue. C'est un soldat : les causes qu'il défend ne lui importent pas et il est prêt à mourir. Les années passent, il a oublié bien des choses et vient un jour où l'on paye la troupe et parmi les monnaies qu'il reçoit, il y en a une qui l'inquiète. Il la garde au creux de sa main et se dit : « Tu es un vieil homme ; voici la médaille que j'avais fait frapper pour la victoire d'Arbèles quand j'étais Alexandre de Macédoine. » Il retrouve alors son passé et redevient un mercenaire tartare, chinois ou autre.

Cette invention mémorable appartient au poète anglais Robert Graves. On avait prédit à Alexandre la domination de l'Orient et de l'Occident. Dans les pays islamiques, on le célèbre encore sous le nom d'Alexandre Bicorne car il est maître des deux cornes de l'Orient et de l'Occident.

Voyons un autre exemple de ce long dialogue entre l'Orient et l'Occident, ce dialogue si souvent tragique. Nous pensons au jeune Virgile palpant une soie imprimée, apportée d'un pays lointain. Le pays des Chinois, dont il sait seulement qu'il est éloigné et pacifique, très peuplé, qu'il englobe les ultimes confins de l'Orient. Virgile se souviendra de cette soie dans les *Géorgiques*, de cette soie sans couture, avec ses images de temples, d'empereurs, de rivières, de ponts, de lacs différents de ceux qu'il connaissait.

Une autre révélation de l'Orient est celle que donne ce livre admirable, l'*Histoire naturelle* de Pline. On y parle des Chinois et on mentionne la Bactriane et la Perse, on y parle de l'Inde, du roi Pôros. Un vers de Juvénal, que j'ai dû lire il y a plus de quarante ans, me revient en mémoire. Parlant d'un endroit éloigné, Juvénal dit : *ultra Auroram et Gangem*, au-delà de l'aurore et du Gange. Tout l'Orient pour moi tient dans ces quatre mots. Qui sait si Juvénal sentit cela comme nous le sentons. Mais j'ai tendance à le croire. L'Orient a toujours dû fasciner les hommes d'Occident.

Suivons le cours de l'histoire et nous arriverons à un curieux cadeau. Peut-être le fait n'a-t-il jamais eu lieu et s'agit-il encore d'une légende. Harun al-Rachid, Aaron l'Orthodoxe, envoie à son collègue Charlemagne un éléphant. Peut-être était-ce impossible d'envoyer un éléphant de Bagdad en France mais peu importe. Nous croyons volontiers à cet éléphant. Cet éléphant est un monstre. N'oublions pas que le mot monstre ne signifie pas forcément quelque chose d'horrible. Lope de Vega a été appelé « Monstre de la Nature » par Cervantès. Cet éléphant a dû paraître bien étrange aux Francs et au roi germanique Charlemagne. (C'est triste de penser que Charlemagne n'a pas pu lire *la Chanson de Roland* car il devait parler quelque dialecte germanique.)

On lui envoie donc un éléphant et le mot « éléphant » nous rappelle que Roland sonne de l'« oliphant », la trompe d'ivoire qui s'appela ainsi parce qu'elle était faite d'une défense d'éléphant. Et puisque nous parlons d'étymologies, rappelons-nous que le mot espagnol « alfil »[1] signifie « éléphant » en arabe et a la même origine que « marfil »[2]. J'ai vu parmi les pièces d'un jeu d'échecs oriental un éléphant portant son château et un petit personnage. Cette pièce n'était pas la tour comme on aurait pu le croire à cause du château mais le fou, l'éléphant.

A l'époque des croisades, les guerriers rentrent chez eux avec leurs souvenirs : des souvenirs de lions, par exemple. Nous avons le fameux croisé *Richard the Lion-Hearted*, Richard Cœur de Lion. Le lion qui fait son entrée dans l'héraldique est un animal de l'Orient. Cette liste ne peut être infinie, mais rappelons encore Marco Polo dont le livre fut une révélation de l'Orient (la plus grande pendant longtemps), ce livre qu'il dicta à un compagnon de prison, après un combat où les Vénitiens furent vaincus par les Génois. Nous avons là l'histoire de l'Orient et il y est question en particulier de ce

1. Le fou, au jeu des échecs.
2. Ivoire, en espagnol.

Khoubilaï Khan que nous retrouverons dans un poème de Coleridge.

Au quinzième siècle, on rassemble à Alexandrie, la ville d'Alexandre Bicorne, une série de contes. Ces contes, pense-t-on, viennent d'ailleurs. On les aurait racontés d'abord en Inde, puis en Perse, puis en Asie Mineure et, finalement, on les aurait écrits en arabe et rassemblés au Caire. C'est le *Livre des mille et une nuits*.

Je voudrais m'arrêter à ce titre. C'est un des plus beaux du monde, aussi beau, je crois, que celui de Dunne, si différent, que j'ai cité l'autre fois : *An Experiment with Time*.

Celui d'aujourd'hui a une autre sorte de beauté. Je crois qu'elle vient du fait que pour nous le mot « mille » est presque synonyme d'« infini ». Dire mille nuits c'est parler d'une infinité de nuits, de nuits nombreuses, innombrables. Dire « mille et une nuits » c'est ajouter une nuit à l'infini des nuits. Pensons à cette curieuse expression anglaise : parfois, au lieu de dire « pour toujours », *for ever*, on dit *for ever and a day*, « pour toujours plus un jour ». On ajoute un jour au mot « toujours ». Ce qui rappelle l'épigramme de Heine à une femme : « Je t'aimerai éternellement et même au-delà. »

L'idée d'infini est consubstantielle aux *Mille et Une Nuits*.

En 1704 est publiée la première version européenne, le premier des six volumes de l'orientaliste français Antoine Galland. Avec le mouvement romantique, l'Orient entre pleinement dans la conscience européenne. Qu'il me suffise de mentionner deux noms, deux grands noms. Celui de Byron, plus grand par son image que par son œuvre, et celui de Victor Hugo, grand de toutes les manières. D'autres traductions voient le jour puis c'est une autre révélation de l'Orient qu'apporte vers 1890 Rudyard Kipling : « Si tu as entendu l'appel de l'Orient, tu n'entendras plus rien d'autre. »

Revenons au moment où *les Mille et Une Nuits* sont traduites pour la première fois. C'est un événement capital pour toutes les littératures d'Europe. Nous sommes en 1704, en France. C'est la France du Grand Siècle, la France où, sur la littérature, règne Boileau, qui meurt en 1711 et ne soupçonne pas que toute sa rhétorique est désormais menacée par cette splendide invasion orientale.

Pensons à la rhétorique de Boileau, faite de précautions, de prohibitions, pensons au culte de la raison, pensons à cette belle phrase de Fénelon : « Des opérations de l'esprit, la moins fréquente est le raisonnement. » Eh bien ! Boileau voulait fonder la poésie sur la raison.

Nous parlons ce soir dans cet illustre dialecte du latin qu'on appelle le castillan et cela aussi est un épisode de cette nostalgie, de ce commerce amoureux et parfois belliqueux entre l'Orient et l'Occident puisque c'est le désir d'arriver aux Indes qui fit découvrir l'Amérique. C'est parce que les Espagnols crurent être arrivés aux Indes que nous appelons *Indiens* les gens de Moctezuma, d'Atahualpa, de Catriel, à cause précisément de cette erreur. Ma modeste conférence fait partie elle aussi de ce dialogue entre l'Orient et l'Occident.

Quant au mot Occident, on sait son origine mais c'est sans importance. On pourrait dire que la culture occidentale est impure en ce sens qu'elle n'est qu'à demi occidentale. Deux nations sont essentielles à notre culture. Ces deux nations sont la Grèce (car Rome n'est qu'une extension du monde hellénique) et Israël, un pays oriental. Ces deux nations sont réunies dans ce que nous appelons la culture occidentale. En parlant des révélations de l'Orient, j'aurais dû rappeler cette révélation continue qu'est la Sainte Écriture. Il y a réciprocité car l'Occident influe sur l'Orient. Il existe un livre d'un écrivain français qui s'intitule *la Découverte de l'Europe par les Chinois* et il s'agit là d'un fait réel qui a dû se produire également.

L'Orient est l'endroit où le soleil se lève. Les Allemands ont un mot superbe pour désigner l'Orient : *Morgenland*, la « terre du matin ». Pour désigner l'Occident, *Abendland*, la « terre du soir ». Vous vous rappelez sans doute le *Der Untergang des Abendlandes* de Spengler, c'est-à-dire « le déclin de la terre du soir » ou, comme on le traduit de façon plus prosaïque, *la Décadence de l'Occident*. Je ne crois pas que nous devions renoncer au mot Orient, un mot si beau, car par un heureux hasard, l'or y est présent. Dans le mot « Orient », nous sentons le mot « or », car au lever du soleil le ciel devient doré. Je rappellerai de nouveau le célèbre vers de Dante, *Dolce color d'oriental zaffiro*. Le mot « oriental » a en effet ces deux sens : le saphir oriental, celui qui vient de l'Orient, et aussi l'or du matin, l'or de ce premier matin au Purgatoire.

Qu'est-ce que l'Orient ? Si on le définit d'une façon géographique on trouve une chose assez curieuse, à savoir qu'une partie de l'Orient est l'Occident ou ce qui pour les Grecs et les Romains était l'Occident puisqu'il est entendu que le nord de l'Afrique c'est l'Orient. Bien sûr l'Orient c'est aussi l'Égypte et les terres d'Israël, l'Asie Mineure et la Bactriane, la Perse, l'Inde puis tous ces pays qui s'étendent au-delà et qui ont peu de chose en commun. Ainsi, par exemple, la Tartarie, la Chine, le Japon, tout cela pour nous c'est l'Orient. En disant l'Orient, je crois que tout le monde pense, d'abord, à l'Orient islamique puis, par extension, à l'Orient du nord de l'Inde.

Tel est le premier sens qu'a ce mot pour nous et c'est là l'œuvre des *Mille et Une Nuits*. Quelque chose est ressenti comme étant l'Orient, quelque chose que je n'ai pas ressenti en Israël et que j'ai ressenti à Grenade et à Cordoue. J'ai ressenti la présence de l'Orient mais je ne sais pas si on peut définir ce phénomène ; je ne sais pas d'ailleurs s'il est nécessaire de définir quelque chose que nous avons tous ressenti intimement. Les connotations de ce mot, je sais que nous les devons au *Livre des mille et une nuits*. C'est à ce livre que nous pensons d'abord ; ensuite seulement nous pensons à Marco Polo ou aux légendes du Prêtre-Jean, à ces rivières de sable charriant des poissons d'or. En premier lieu, nous pensons à l'Islam.

Voyons l'histoire de ce livre, puis ses traductions. L'origine du livre est ignorée. On pourrait penser à ces cathédrales appelées à tort gothiques qui sont l'œuvre de générations d'hommes. Mais il y a une différence essentielle et c'est que les ouvriers, les bâtisseurs des cathédrales savaient parfaitement ce qu'ils faisaient. Par contre, *les Mille et Une Nuits* surgissent de façon mystérieuse. Elles sont l'œuvre de milliers d'auteurs et aucun d'eux n'a pensé qu'il était en train de créer un livre illustre, un des livres les plus illustres de toutes les littératures, un livre qu'on apprécie, me dit-on, plus en Occident qu'en Orient.

Voyons maintenant cette curieuse information que nous rapporte le baron de Hammer Purgstall, un orientaliste que mentionnent avec admiration Lane et Burton, les deux plus célèbres traducteurs anglais des *Mille et Une Nuits*. Il parle de certains hommes qu'il appelle des *confabulatores nocturni* : des hommes de la nuit qui racontent des histoires, des hommes dont la profession est de raconter des histoires durant la nuit. Il cite un ancien texte persan qui nous apprend que le premier à avoir écouté réciter des contes, à avoir réuni des hommes de la nuit pour lui raconter des histoires afin de distraire son insomnie, fut Alexandre de Macédoine. Ces contes ont dû être des fables. Je présume que le charme des fables ne tient pas à leur moralité. Ce qui enchanta Esope et les fabulistes hindous ce fut d'imaginer des animaux semblables à de petits hommes, avec leurs comédies et leurs tragédies. L'idée de l'intention morale fut ajoutée ensuite : l'important c'était que le loup parlât à l'agneau et le bœuf à l'âne ou le lion à un rossignol.

Nous avons donc Alexandre de Macédoine qui écoute des histoires racontées par ces hommes anonymes de la nuit dont la profession est de raconter des histoires, et cela a duré longtemps. Dans son livre *Account of the Manners and Customs of the modern Egyptians* (Mœurs et coutumes des Egyptiens d'aujourd'hui), Lane raconte que vers 1850 les diseurs de contes étaient nombreux au Caire. Qu'il y en avait une cinquantaine et qu'ils racontaient fréquemment les histoires des *Mille et Une Nuits*.

Nous avons une série de contes ; la série de l'Inde, où se forme le noyau central, selon Burton et selon Cansinos-Asséns, auteur d'une admirable version espagnole, passe en Perse ; là, on modifie ces contes, on les enrichit et on les arabise ; ils arrivent finalement en Egypte. Cela se passe à la fin du quinzième siècle. De cette époque date une première compilation qui procéderait, semble-t-il, d'une autre compilation, persane celle-là : *Hazar afsana, les Mille Contes*.

Pourquoi d'abord mille et ensuite mille et une nuits ? Je crois qu'il y a deux raisons à cela. La première, superstitieuse (la superstition est importante en l'occurrence), selon laquelle les chiffres pairs sont de mauvais augure. On chercha donc un chiffre impair et on ajouta heureusement « et une ». Si on s'était arrêté à neuf cent quatre-vingt-dix-neuf nuits, nous aurions l'impression qu'il nous manque une nuit ; par contre, ainsi, nous sentons qu'on nous donne quelque chose d'infini et qu'on y ajoute encore une nuit supplémentaire. Ce texte est lu par l'orientaliste français Galland, qui le traduit. Voyons en quoi consiste et de quelle façon est présent l'Orient dans ce texte. Il est présent avant tout parce qu'à sa lecture nous nous sentons dans un pays lointain.

On sait que la chronologie, que l'histoire existent ; mais ce sont avant tout des vérifications occidentales. Il n'y a pas d'histoires de la littérature persane ou des histoires de la philosophie hindoue ; il n'y a pas non plus d'histoires chinoises de la littérature chinoise car ces gens ne sont pas intéressés par la succession des faits. Ils pensent que la littérature et la poésie sont des processus éternels. Je crois qu'ils ont, pour l'essentiel, raison. Je crois par exemple que ce titre de *Livre des mille et une nuits* (ou, comme le veut Burton, *Book of the Thousand Nights and a Night, Livre des mille nuits et une nuit*) serait un titre magnifique si on l'avait inventé ce matin. Si nous le trouvions aujourd'hui, nous nous dirions : quel joli titre ! Joli non seulement parce qu'il est beau (comme est beau *los Crepusculos del jardin* (les Crépuscules du jardin), de Lugones, mais aussi parce qu'il donne envie de lire le livre.

On a envie de se perdre dans *les Mille et Une Nuits* ; on sait qu'en entrant dans ce livre on pourra oublier sa pauvre destinée humaine ; qu'on pourra pénétrer dans un monde, un monde fait d'un certain nombre de figures archétypes et aussi d'individus.

Dans ce titre des *Mille et Une Nuits* il y a ceci de très important qu'il suggère un livre infini. C'est ce qu'il est, virtuellement. Les Arabes disent que personne ne peut lire *les Mille et Une Nuits* jusqu'à la fin. Non pas qu'il soit question d'ennui : on sent que le livre est infini.

J'ai chez moi les dix-sept volumes de la traduction de Burton. Je sais que jamais je ne les lirai tous mais je sais que *les Nuits* sont là à m'attendre ; qu'il se peut que ma vie soit malheureuse mais j'aurai là les dix-sept volumes ; j'aurai là cette sorte d'éternité des *Mille et Une Nuits* de l'Orient.

Mais comment définir l'Orient, non pas l'Orient réel, qui n'existe pas ? Je dirais que les notions d'Orient et d'Occident sont des généralisations mais qu'aucun individu ne se sent oriental. Je pense qu'un homme peut se sentir persan, hindou, malais mais pas oriental. Personne ne se sent non plus latino-américain : nous nous sentons argentins, chiliens, uruguayens. Peu importe, le concept existe. Sur quoi est-il fondé ? Avant tout sur l'idée d'un monde fait d'extrêmes dans lequel les gens sont très malheureux ou très heureux, très riches ou très pauvres. Un monde de rois, de rois qui n'ont pas à expliquer ce qu'ils font. De rois qui, disons, sont irresponsables comme des dieux.

Il y a aussi l'idée de trésors cachés. N'importe qui peut les découvrir. Et l'idée, très importante, de la magie. Qu'est-ce que la magie ? C'est une causalité différente. C'est supposer qu'en dehors des relations causales que nous connaissons, il en existe une autre. Cette autre relation peut être due à des événements fortuits, à un anneau, à une lampe. Nous frottons un anneau, une lampe et un génie apparaît. Ce génie est un esclave qui est aussi omnipotent, qui nous poussera à agir. Cela peut se produire à tout instant.

Rappelons-nous l'histoire du pêcheur et du génie. Le pêcheur a quatre enfants, il est pauvre. Tous les matins il jette son filet près d'un rivage. Déjà l'expression *un rivage* est une expression magique qui nous situe dans un monde de géographie indéfinie. Le pêcheur ne s'approche pas du bord de la mer, il s'approche d'*un rivage* et jette son filet. Un matin il le jette et le tire trois fois : il sort un âne mort, il sort des ustensiles cassés, bref des choses inutiles. Il le jette pour la quatrième fois (chaque fois il récite un poème) et le filet devient très lourd. L'homme espère que la prise sera bonne mais ce qu'il sort est une jarre de cuivre jaune, scellée du sceau de Soliman (Salomon). Il ouvre la jarre et il s'en échappe une épaisse fumée. Il se dit qu'il pourra vendre la jarre à un quincaillier mais la fumée monte jusqu'au ciel, se condense et prend la forme d'un génie.

Qui sont ces génies ? Ils appartiennent à une création préadamite, antérieure à Adam, inférieure aux hommes, mais ils peuvent être gigantesques. Selon les musulmans, ils habitent tout l'espace, ils sont invisibles et impalpables.

Le génie dit : « Loué soit Dieu et Salomon son Apôtre. » Le pêcheur lui demande pourquoi il parle de Salomon, mort depuis si longtemps : maintenant, l'apôtre de Dieu c'est Mahomet. Il lui demande aussi pourquoi il était enfermé dans la jarre. L'autre lui dit qu'il fut l'un des génies qui se révoltèrent contre Soliman et que Soliman l'enferma dans la jarre, la scella et la jeta au fond de la mer. Quatre cents ans passèrent et le génie jura qu'il donnerait à celui qui le libérerait tout l'or du monde mais il n'arriva rien. Il jura qu'il enseignerait à celui qui le délivrerait le chant des oiseaux. Les siècles passent et les promesses se multiplient. A la fin vient un moment où il jure qu'il tuera celui qui le délivrera. « Maintenant, je dois accomplir ma promesse. Prépare-toi à mourir, ô mon sauveur ! » Ce trait de colère rend ce génie étrangement humain et peut-être même attachant.

Le pêcheur est terrifié ; il fait semblant de ne pas croire à cette histoire et dit : « Ce que tu m'as raconté n'est pas vrai. Comment toi, dont la tête touche le ciel et dont les pieds touchent la terre, as-tu pu tenir dans ce petit récipient ? » Le génie répond : « Homme de peu de foi, tu vas voir. » Il se réduit, entre dans la jarre, le pêcheur la referme aussitôt et menace le génie.

L'histoire se poursuit et il arrive un moment où le protagoniste n'est pas un pêcheur mais un roi, puis c'est le roi des îles Noires et à la fin tout se confond. Le fait est typique des *Mille et Une Nuits*. On pense à ces boules chinoises qui en contiennent d'autres ou aux poupées russes. Nous avons quelque chose de semblable dans le *Quichotte*, mais non poussé à l'extrême comme dans *les Mille et Une Nuits*. En outre, tout cela se situe dans un vaste récit central que nous connaissons tous : l'histoire du sultan qui a été trompé par sa femme et qui pour éviter de l'être de nouveau décide d'épouser chaque soir une femme différente qu'il fait tuer le lendemain matin. Jusqu'à ce que Schéhérazade décide de sauver ses compagnes et le retienne par des contes qu'elle laisse inachevés. Sur le couple passent mille et une nuits et elle lui présente un fils.

Ces contes qui s'insèrent dans d'autres contes produisent un curieux effet, comme d'infini, créant une sorte de vertige. Ce procédé a été repris par des écrivains très postérieurs. On le retrouve dans les livres d'*Alice* de Lewis Carroll, ou dans son roman *Sylvie et Bruno* où il est question de rêves qui s'imbriquent dans d'autres rêves, se ramifiant et se multipliant.

Les rêves sont un des thèmes préférés des *Mille et Une Nuits*. Admirable est l'histoire des deux hommes qui rêvèrent. Un habitant du Caire rêve qu'une voix lui ordonne d'aller en Perse, dans la ville d'Ispahan, où l'attend un trésor. Il affronte les périls de ce long voyage et arrivé à Ispahan, il se couche, épuisé, dans la cour d'une mosquée pour se reposer. Il est, sans le savoir, parmi des voleurs. On les arrête tous et le cadi lui demande pourquoi il est venu dans cette ville. L'Egyptien le lui explique. Le cadi rit alors à gorge déployée et lui dit : « Homme insensé et crédule, trois fois j'ai rêvé d'une maison au Caire au fond de laquelle il y a un jardin et dans ce jardin un cadran solaire, plus loin une fontaine avec un figuier et sous la fontaine se trouve un trésor. Je n'ai jamais cru à ce mensonge. Je ne veux plus te voir dans Ispahan ! Prends cette monnaie et va-t'en. » Notre homme retourne au Caire : il a reconnu dans le rêve du cadi sa propre maison. Il creuse sous sa fontaine et trouve le trésor.

Il y a dans *les Mille et Une Nuits* des échos de l'Occident. Nous y retrouvons les aventures d'Ulysse, sauf qu'Ulysse s'appelle Simbad le Marin. Ses aventures sont parfois les mêmes (nous retrouvons Polyphème). Pour construire le palais des *Mille et Une Nuits* il a fallu des générations d'hommes et ces hommes sont nos bienfaiteurs puisqu'ils nous ont légué ce livre inépuisable, ce livre capable de tant de métamorphoses. Je dis tant de métamorphoses car le premier texte, celui de Galland, est assez simple et c'est peut-être le plus enchanteur de tous, celui qui n'exige aucun effort de la part du lecteur ; sans ce premier texte, comme le dit très justement le capitaine Burton, nous n'aurions pas eu les versions ultérieures.

Galland publie donc un premier volume en 1704. Il se produit une sorte de scandale mais aussi une sorte d'enchantement dans la raisonnable France de Louis XIV. Quand on parle du mouvement romantique on pense à des dates très postérieures. Nous pourrions dire que le mouvement romantique commence à l'instant où quelqu'un, en Normandie ou à Paris, se met à lire *les Mille et Une Nuits*. Ce lecteur sort alors de l'univers régi par Boileau pour entrer dans celui de la liberté romantique.

D'autres faits se produiront ensuite. La découverte en France du roman picaresque avec Lesage ; la publication des ballades écossaises et anglaises par Percy vers 1750. Puis, vers 1798, le mouvement romantique commence en Angleterre avec Coleridge, qui rêve du Khoubilaï Khan, le protecteur de Marco Polo. Nous voyons ainsi combien le monde est admirable et les choses entremêlées.

Viennent les autres traductions. Celle de Lane s'accompagne d'une encyclopédie des coutumes musulmanes. La traduction anthropologique et obscène de Burton est rédigée en un curieux anglais datant en partie du quatorzième siècle, un anglais plein d'archaïsmes et de néologismes, un anglais non dépourvu de beauté mais qui est parfois d'une lecture difficile. Puis vient la version licencieuse, aux deux sens du terme, du docteur Mardrus et une version allemande, littérale mais sans aucun charme littéraire, de Littmann. Aujourd'hui, heureusement, nous avons la version espagnole de celui qui fut mon maître, Rafael Cansinos-Asséns. L'ouvrage a été publié au Mexique ; c'est, peut-être, la meilleure de toutes les traductions ; elle est aussi accompagnée de notes.

Il y a un conte — le plus célèbre des *Mille et Une Nuits* — qu'on ne trouve pas dans les versions originales. C'est l'histoire d'*Aladin et la lampe merveilleuse*. Ce conte apparaît dans la version de Galland et Burton en a cherché en vain le texte arabe ou persan. On est allé jusqu'à soupçonner Galland d'avoir falsifié la narration. Je crois que le mot « falsifier » est injuste et méchant. Galland avait autant le droit d'inventer un conte que les *confabulatores nocturni*. Pourquoi ne pas supposer qu'après avoir traduit tant de contes il ait voulu à son tour en inventer un ?

L'histoire ne s'en tient pas au conte de Galland. Dans son autobiographie, De Quincey dit qu'il y a dans *les Mille et Une Nuits* un conte qu'il trouve supérieur aux autres et que ce conte, incomparablement supérieur, est l'histoire d'Aladin. Il parle du mage du Maghreb qui va jusqu'en Chine parce qu'il sait que là se trouve la seule personne capable d'exhumer la lampe merveilleuse. Galland nous dit que ce mage était un astrologue et que les astres lui avaient révélé qu'il devait aller en Chine à la recherche du jeune homme. De Quincey, qui avait une admirable mémoire inventive, se rappelait un fait complètement différent. Selon lui, le mage avait collé son oreille au sol et avait entendu les innombrables pas des hommes. Or il avait distingué parmi ces pas ceux du garçon prédestiné à exhumer la lampe. Ceci, dit De Quincey, l'avait mené à l'idée que le monde était fait de correspondances, était plein de miroirs magiques et que dans les petites choses se trouvait la clef des plus grandes. Le fait que le mage maghrébin ait appliqué son oreille au sol et ait déchiffré les pas d'Aladin ne se trouve dans aucun texte. C'est une invention que les rêves ou la mémoire donnèrent à De Quincey. *Les Mille et Une Nuits* n'ont pas cessé de vivre. Le temps infini des *Mille et Une Nuits* poursuit sa route. Au début du dix-huitième siècle on traduit l'ouvrage ; au début du dix-neuvième ou à la fin du dix-huitième De Quincey s'en souvient d'une autre façon. Les *Nuits* auront d'autres traducteurs et chacun d'eux donnera du livre une version différente. Nous pourrions presque parler de nombreux livres intitulés *les Mille et Une Nuits*. Deux en français, rédigés par Galland et Mardrus ; trois en anglais, rédigés par Burton, Lane et Paine ; trois en allemand, rédigés par Henning, Littmann et Weil ; un en espagnol, de Cansinos-Asséns. Chacun de ces livres est différent des autres car *les Mille et Une Nuits* continuent à croître, ou à se recréer. Chez l'admirable Stevenson et dans ses admirables *Nouvelles Mille et Une Nuits (New Arabian Nights)* on retrouve le thème du prince déguisé qui parcourt la ville, accompagné de son vizir, et à qui il arrive de curieuses aventures. Mais Stevenson a inventé un prince, Floricel de Bohême, son aide de camp, le colonel Geraldine, et il les fait parcourir Londres. Non pas le Londres réel mais un Londres qui ressemble à Bagdad ; non pas au Bagdad de la réalité mais au Bagdad des *Mille et Une Nuits*.

Il y a un autre écrivain que nous devons tous remercier pour son œuvre : c'est Chesterton, l'héritier de Stevenson. Le Londres fantastique dans lequel se passent les aventures du père Brown et de l'Homme qui s'appelait Jeudi n'existerait pas si cet auteur n'avait pas lu Stevenson. Et Stevenson n'aurait pas écrit ses *Nouvelles Mille et Une Nuits* s'il n'avait pas lu *les Mille et Une Nuits*. *Les Mille et Une Nuits* ne sont pas quelque chose qui a cessé d'exister. C'est un livre si vaste qu'il n'est pas nécessaire de l'avoir lu car il est partie intégrante de notre mémoire comme il est présent ici, ce soir.

Le bouddhisme

Le thème d'aujourd'hui est le bouddhisme. Je n'entrerai pas dans cette longue histoire qui commença il y a deux mille cinq cents ans à Bénarès, quand un prince du Népal — Siddharta ou Gautama — qui était parvenu à être le Bouddha, fit tourner la roue de la loi, proclama les quatre nobles vérités et l'octuple sentier. Je parlerai de ce qui fait l'essentiel de cette religion, la plus répandue du monde. Les éléments du bouddhisme se sont conservés depuis le cinquième siècle avant Jésus-Christ — c'est-à-dire depuis l'époque d'Héraclite, de Pythagore, de Zénon — jusqu'à nos jours, où M. Suzuki l'expose au Japon. Ses éléments sont restés les mêmes. Cette religion est maintenant incrustée de mythologie, d'astronomie, d'étranges croyances, de magie, mais étant donné que le sujet est complexe, je me limiterai à ce qu'ont en commun les diverses sectes. Celles-ci correspondraient à l'Hinayana ou Petit Véhicule. Considérons avant tout la longévité du bouddhisme.

Celle-ci peut s'expliquer par des raisons historiques mais de telles raisons sont fortuites ou, plutôt, sont discutables, faillibles. Elle tient, je crois, à deux causes fondamentales. D'abord à ce que le bouddhisme est tolérant. Cette curieuse to-

71

lérance du bouddhisme n'est pas le fait de certaines époques précises : le bouddhisme a toujours été tolérant.

Il n'a jamais eu recours au fer ou au feu, il n'a jamais pensé que le fer ou le feu étaient des moyens de persuasion. Quand Asóka, empereur de l'Inde, se fit bouddhiste, il n'essaya pas d'imposer à qui que ce fût sa nouvelle religion. Un bon bouddhiste peut être luthérien, méthodiste, presbytérien, calviniste, shintoïste, taoïste ou catholique, il peut en toute liberté faire du prosélytisme pour l'islam ou la religion juive. Par contre il n'est pas permis à un chrétien, à un juif ou à un musulman d'être bouddhiste.

La tolérance du bouddhisme, loin d'être une faiblesse, fait partie de sa nature même. Le bouddhisme fut avant tout ce que nous pourrions appeler un yoga. Que veut dire ce mot yoga ? C'est le même mot que nous employons quand nous parlons de joug et il a son origine dans le latin *yugum*. C'est un joug, une discipline que l'homme s'impose. Puis, si nous comprenons la prédication du Bouddha dans son premier discours du Parc des Gazelles, il y a deux mille cinq cents ans, nous aurons compris le bouddhisme. Sauf qu'il ne s'agit pas de le comprendre mais de le sentir de façon profonde, de le sentir dans son corps et dans son âme ; et aussi de sentir que le bouddhisme n'admet la réalité ni du corps ni de l'âme. J'essaierai d'expliquer cela.

D'autre part, le bouddhisme exige beaucoup de notre foi. C'est naturel, puisque toute religion est un acte de foi. Tout comme la patrie est un acte de foi. Qu'est-ce qu'être argentin ? me suis-je souvent demandé. Etre argentin c'est se sentir argentin. Qu'est-ce qu'être bouddhiste ? Etre bouddhiste c'est non pas comprendre, ce qui peut se faire en quelques minutes, mais *sentir* les quatre nobles vérités et l'octuple sentier. Nous n'entrerons pas dans les voies difficiles de ce sentier, octuple selon l'habitude hindoue de diviser et de subdiviser, mais bien dans les quatre nobles vérités.

Il y a, de plus, la légende du Bouddha. Nous pouvons ne pas croire à cette légende. J'ai un ami japonais, bouddhiste zen, avec lequel j'ai eu de longues et amicales discussions. Je lui disais que je croyais à la vérité historique du Bouddha. Je croyais, et je continue à croire, qu'il y a deux mille cinq cents ans il y eut un prince du Népal, appelé Siddharta ou Gautama, qui parvint à être le Bouddha, c'est-à-dire l'Eveillé, le Lucide — à la différence de nous autres qui sommes endormis ou qui rêvons ce long rêve qu'est la vie. Je me souviens d'une phrase de Joyce : « L'histoire est un cauchemar dont je veux me réveiller. » Siddharta donc, à l'âge de trente ans, parvint à se réveiller et à être le Bouddha.

Avec mon ami bouddhiste (pour ma part je ne suis pas sûr d'être chrétien mais je suis sûr de n'être pas bouddhiste) je discutais et lui disais : « Pourquoi ne pas croire au prince Siddharta qui naquit à Kapilavastu cinq cents ans avant l'ère chrétienne ? » Il me répondit : « Parce que cela n'a aucune importance ; l'important c'est de croire en la Doctrine. » Il ajouta avec, je crois, plus d'ingéniosité que de vérité, que croire à l'existence historique du Bouddha ou s'y intéresser c'était un peu comme confondre l'étude des mathématiques avec la biographie de Pythagore ou de Newton. Un des sujets de méditation qu'on donne aux moines dans les monastères de la Chine et du Japon, c'est de douter de l'existence du Bouddha. C'est un des doutes qu'ils doivent s'efforcer d'avoir pour parvenir à la vérité.

Les autres religions exigent beaucoup de notre

crédulité. Si nous sommes chrétiens, nous devons croire qu'une des trois personnes de la Divinité a condescendu à être un homme qui a été crucifié en Judée. Si nous sommes musulmans, nous devons croire qu'il n'y a pas d'autre dieu que Dieu et que Mahomet est son Prophète. Nous pouvons être de bons bouddhistes et nier l'existence du Bouddha. Ou, plutôt, nous pouvons penser, nous devons penser que notre croyance en un fait historique importe peu : l'important est de croire en la Doctrine. Pourtant, la légende du Bouddha est si belle que je ne peux pas ne pas vous la raconter.

Les Français se sont consacrés avec une particulière attention à l'étude de cette légende. Leur raisonnement est le suivant : la biographie du Bouddha est ce qui est arrivé à un seul homme durant un bref laps de temps. Il peut avoir été ceci ou cela. Par contre la légende du Bouddha a illuminé et continue à illuminer des millions d'hommes. C'est sa légende qui a inspiré tant de belles peintures et sculptures, tant de poèmes. En plus d'être une religion, le bouddhisme est une mythologie, une cosmologie, un système métaphysique ou, plutôt, une série de systèmes métaphysiques qui ne s'entendent pas et qui se disputent entre eux.

La légende du Bouddha est illuminante et il n'est pas indispensable d'y croire. Au Japon, on insiste sur la non-historicité du Bouddha. Et sur la Doctrine. La légende commence au ciel. Il y a là quelqu'un qui durant des siècles et des siècles, durant un nombre infini de siècles pourrions-nous dire, s'est perfectionné jusqu'à parvenir à comprendre que, dans sa prochaine incarnation, il sera le Bouddha.

Il choisit le continent où il doit naître. Selon la cosmogonie bouddhique le monde est divisé en quatre continents triangulaires avec au centre une montagne en or : le mont Meru. Il naîtra dans celui qui correspond à l'Inde. Il choisit le siècle où il naîtra ; il choisit sa caste, il choisit sa mère. Voyons maintenant la partie terrestre de la légende. Il y a une reine, Maya. Maya signifie *illusion*. La reine a un songe qui court le risque de nous paraître extravagant mais il ne l'est pas pour les hindous.

Mariée au roi Shuddhodana, Maya rêva qu'un éléphant blanc à six défenses, qui errait dans les monts dorés, entrait dans son flanc gauche sans lui faire aucun mal. Elle se réveille ; le roi convoque ses astrologues et ceux-ci lui expliquent que la reine donnera le jour à un fils qui pourra être l'empereur du monde ou qui pourra être le Bouddha, l'Eveillé, le Lucide, l'être destiné à sauver tous les hommes. Comme c'était à prévoir, le roi choisit le premier de ces deux destins : il veut que son fils soit l'empereur du monde.

Revenons sur ce détail de l'éléphant blanc à six défenses. Oldenberg fait remarquer que l'éléphant de l'Inde est un animal domestique et quotidien. La couleur blanche est toujours un symbole d'innocence. Pourquoi six défenses ? Il faut nous rappeler (l'histoire reprend ici ses droits) que le nombre six, qui pour nous est arbitraire et d'une certaine façon malcommode (car nous préférons le trois ou le sept), ne l'est pas en Inde où l'on croit qu'il y a six dimensions dans l'espace : le haut, le bas, l'arrière, l'avant, la droite, la gauche. Un éléphant blanc à six défenses n'est pas extravagant pour les hindous.

Le roi convoque les mages et la reine accouche sans douleur. Un figuier incline ses branches pour l'aider. L'enfant naît debout et dès sa naissance il fait quatre pas : au nord, au sud, à l'est et à l'ouest, et il dit d'une voix forte : « Je suis l'incomparable ; c'est là ma dernière naissance. » Les hindous croient à un nombre infini de naissances antérieures. Le prince grandit, c'est le meilleur archer, le meilleur cavalier, le meilleur nageur, le meilleur athlète, le meilleur calligraphe, il réfute tous les docteurs (on peut penser ici à Jésus parmi les Docteurs). A seize ans, il se marie.

Le père sait — les astrologues le lui ont dit — que son fils court le risque d'être le Bouddha, l'homme qui sauve tous les autres s'il vient à connaître quatre réalités qui sont : la vieillesse, la maladie, la mort et l'ascétisme. Il enferme donc son fils dans un palais, il lui fournit un harem dont je passerai sous silence le nombre des femmes car il correspond à une évidente exagération hindoue. Mais après tout pourquoi ne pas le dire : elles étaient quatre-vingt-quatre mille.

Le prince coule des jours heureux ; il ignore que la souffrance existe dans le monde puisqu'on lui cache la vieillesse, la maladie et la mort. Au jour fixé par le destin, il sort avec son char par une des quatre portes du palais rectangulaire. Disons, par la porte du Nord. Il parcourt une certaine distance et voit un être différent de tous ceux qu'il a vus jusqu'alors. Il est courbé, ridé, sans cheveux. Il peut à peine marcher en s'appuyant sur un bâton. Le prince demande quel est cet homme, si c'est vraiment un homme. Le cocher lui répond que c'est un vieillard et que nous deviendrons tous cet homme si nous continuons à vivre.

Le prince, troublé, rentre au palais. Six jours plus tard il ressort par la porte du Sud. Il voit dans un fossé un homme encore plus étrange, blanc de lèpre et le visage émacié. Il demande qui est cet homme, si c'est vraiment un homme. C'est un malade, lui répond le cocher ; nous deviendrons tous cet homme si nous continuons à vivre.

Le prince, maintenant très inquiet, rentre au palais. Six jours plus tard, il sort de nouveau et voit un homme qui semble endormi mais dont le teint n'est pas celui de la vie. Cet homme est porté par d'autres. Il demande qui est cet homme. Le cocher lui dit que c'est un mort et que nous serons tous ce mort si nous vivons le temps suffisant.

Le prince est profondément affligé. Trois horribles vérités lui ont été révélées : celle de la vieillesse, celle de la maladie, celle de la mort. Il sort une quatrième fois. Il voit un homme presque nu dont le visage est empreint de sérénité. Il demande quel est cet homme. On lui dit que c'est un ascète, un homme qui a renoncé à tout et qui est parvenu à la béatitude.

Le prince décide de tout quitter ; lui qui menait une existence si agréable. Le bouddhisme estime l'ascétisme convenable mais après qu'on a goûté à la vie. Personne ne doit commencer par se refuser quoi que ce soit. Il faut boire jusqu'à la lie la coupe de la vie puis perdre toute illusion à son sujet ; mais non sans l'avoir connue.

Le prince décide d'être le Bouddha. On lui annonce alors une nouvelle : sa femme, Yashodara, a donné le jour à un fils. Il s'écrie : « Un lien a été forgé. » Son fils le rattache à la vie. C'est pourquoi on lui donne le nom de Lien. Siddharta est dans son harem, il regarde toutes ces femmes qui sont jeunes et belles et il les voit vieilles, horribles, lépreuses. Il va dans la chambre de sa femme. Elle dort. Elle tient l'enfant dans ses bras. Il voudrait embrasser sa femme mais il se dit que s'il l'embrasse il ne pourra pas se détacher d'elle et il s'en va.

Il se cherche des maîtres. Nous arrivons là à une partie de sa biographie qui peut n'être pas légendaire. Pourquoi le montrer disciple de maîtres qu'il abandonnera ensuite ? Ses maîtres lui enseignent l'ascétisme qu'il va pratiquer pendant longtemps. A la fin, il est étendu dans la campagne, son corps est immobile et les dieux qui le voient du haut des trente-trois ciels, pensent qu'il est mort. L'un d'eux, le plus sage, dit : « Non, il n'est pas mort ; il sera le Bouddha. » Le prince se réveille, court à un ruisseau voisin, prend quelque nourriture et s'assied sous le figuier sacré : l'arbre de la loi, pourrions-nous dire.

Suit un entracte magique qui a son équivalent dans les Evangiles : c'est la lutte avec le démon. Celui-ci s'appelle Mara. Nous avons déjà vu le mot *nightmare*, démon de la nuit. Le démon sent qu'il est maître du monde mais qu'il est maintenant en danger et il sort de son palais. Les cordes de ses instruments de musique se sont cassées, l'eau s'est tarie dans ses citernes. Il prépare ses armées, monte sur son éléphant qui a je ne sais combien de milliers de mètres de haut, il multiplie ses bras, il multiplie ses armes et il attaque le prince. C'est la fin de la journée, le prince est assis sous l'arbre de la connaissance, cet arbre qui est né en même temps que lui.

Le démon et ses hordes de tigres, de lions, de chameaux, d'éléphants et de guerriers monstrueux lui lancent des flèches. En l'atteignant, ce sont des fleurs. On lui lance des montagnes de feu qui forment un dais au-dessus de sa tête. Le prince médite immobile, les bras croisés. Peut-être ne sait-il pas qu'on l'attaque. Il pense à la vie ; il est sur le point d'atteindre le nirvana, le salut. Avant le coucher du soleil, le démon a été mis en déroute. Suit une longue nuit de méditation ; à la fin de cette nuit, Siddharta n'est plus désormais Siddharta. C'est le Bouddha : il est parvenu au nirvana.

Il décide de prêcher la loi. Il se lève. Maintenant qu'il est sauvé, il veut sauver les autres. Il prononce son premier discours dans le Parc des Gazelles, à Bénarès. Puis un autre discours, celui du feu, où il dit que tout brûle : les âmes, les corps, les choses sont en feu. Héraclite d'Ephèse, plus ou moins à cette époque, disait que tout n'était que feu.

La loi du Bouddha n'est pas celle de l'ascétisme car pour lui l'ascétisme est une erreur. L'homme ne doit pas s'adonner à la vie charnelle car elle est basse, vulgaire, dégradante et pernicieuse ; à l'ascétisme non plus car il est aussi vulgaire et pernicieux. Il prêche le Sentier du Milieu — pour suivre la terminologie théologique —, il a désormais atteint le nirvana et il vit une quarantaine d'années, qu'il consacre à la prédication. Il aurait pu être immortel mais il choisit le moment de sa mort, quand il a un grand nombre de disciples.

Il meurt chez un forgeron. Ses disciples l'entourent. Ils sont désespérés. Que vont-ils faire sans lui ? Il leur dit qu'il n'existe pas, qu'il est un homme comme eux, aussi irréel et aussi mortel qu'eux mais il leur laisse sa Loi. Il y a là une grande différence avec le Christ. Je crois que Jésus a dit à ses disciples que si deux d'entre eux étaient réunis, il serait le troisième. Par contre, le Bouddha dit à ses disciples : je vous laisse ma Loi. C'est-à-dire qu'il a mis en mouvement la roue de la loi dans son premier discours. Ensuite viendra l'histoire du bouddhisme, fertile en développements. Il y aura le lamaïsme, le bouddhisme magique, le Mahayana ou Grand Véhicule, que suivra l'Hinayana ou Petit Véhicule, puis le bouddhisme zen au Japon.

S'il y a deux bouddhismes qui se ressemblent, qui sont presque identiques, ce sont, à mon avis, celui qu'a prêché le Bouddha et celui qu'on enseigne aujourd'hui en Chine et au Japon, le bouddhisme zen. Le reste, ce sont des incrustations mythologiques, des fables. Certaines de ces fables sont intéressantes. On sait que le Bouddha pouvait accomplir des miracles mais, comme à Jésus-Christ, les miracles lui déplaisaient, il n'aimait pas en accomplir. Il voyait en eux une ostentation vulgaire. Je vais vous raconter à ce propos l'histoire du bol de santal.

Dans une ville de l'Inde, un marchand fait tailler un morceau de santal en forme de bol. Il le place au sommet d'une série de tiges de bambou, d'une sorte de très haut mât enduit de savon. Il dit qu'il donnera le bol de santal à celui qui parviendra à l'atteindre. Des maîtres hérétiques viennent en vain tenter la chose. Ils essaient de suborner le marchand pour que celui-ci dise qu'ils ont atteint le bol. Le marchand demeure intraitable quand arrive un disciple mineur du Bouddha, dont le nom n'est mentionné que dans cet épisode. Le disciple s'élève dans les airs, tourne six fois autour du bol, le prend et le remet au marchand. Quand le Bouddha apprend cette histoire, il fait expulser son disciple de son ordre pour avoir accompli un exploit aussi futile.

Mais le Bouddha lui aussi fit des miracles. Celui-ci par exemple, un miracle de courtoisie. Le Bouddha doit traverser un désert à l'heure chaude de midi. Les dieux, du haut de leurs trente-trois ciels, lui lancent chacun une ombrelle. Le Bouddha ne veut faire d'affront à aucun des dieux, il se multiplie en trente-trois Bouddhas si bien que chacun des dieux voit, d'en haut, un Bouddha protégé par l'ombrelle qu'il lui a lancée.

Dans l'enseignement du Bouddha, une parabole est particulièrement significative : c'est la parabole de la flèche. Un homme a été blessé lors d'une bataille et il ne veut pas qu'on lui retire la flèche. Il veut savoir auparavant le nom de l'archer, à quelle caste il appartient, en quoi est faite la flèche, l'endroit où était placé l'archer, la longueur de la flèche. Pendant qu'on discute de ces questions, il meurt. « Moi par contre, dit le Bouddha, j'apprends à arracher la flèche. » Qu'est-ce que la flèche ? C'est l'univers. La flèche, c'est l'idée du moi, l'idée de tout ce qui est ancré en nous. Le Bouddha dit que nous ne devons pas perdre notre temps à des questions inutiles. Comme par exemple : l'univers est-il fini ou infini ? Le Bouddha vivra-t-il ou non au-delà du nirvana ? Tout cela est inutile, l'important est de nous arracher la flèche. Il s'agit d'un exorcisme, d'une loi pour notre salut.

Le Bouddha dit : « De même que la vaste mer est imprégnée d'une seule saveur, la saveur du sel, la saveur de la loi est la saveur du salut. » La loi qu'il enseigne est vaste comme la mer mais elle n'a qu'une saveur : la saveur du salut. Ses continuateurs se sont évidemment perdus (mais peut-être ont-ils beaucoup trouvé) dans des considérations métaphysiques. Le but du bouddhisme est ailleurs. Un bouddhiste peut professer n'importe quelle religion, pourvu qu'il suive la loi. L'important c'est le salut et les quatre nobles vérités : la souffrance, la cause de la souffrance, la destruction de la souffrance et le moyen pour parvenir à la destruction de la souffrance. Après quoi on trouve le nirvana. Peu importe dans quel ordre se présentent les vérités. On a dit qu'elles correspondaient à une vieille tradition médicale ayant pour objet la maladie, son diagnostic, son traitement et sa guérison. La guérison, en l'occurrence, c'est le nirvana.

Nous en arrivons au point difficile. A ce que nos esprits occidentaux ont tendance à rejeter. La transmigration qui, pour nous, est un concept avant tout poétique. Ce qui transmigre, ce n'est pas l'âme car le bouddhisme nie son existence, mais le karma qui est une sorte d'organisme mental, qui transmigre un nombre infini de fois. En Occident, cette idée a été formulée par divers penseurs, surtout par Pythagore. Celui-ci reconnut le bouclier avec lequel il s'était battu pendant la guerre de Troie, quand il avait un autre nom. Dans le livre X de *la République* de Platon, il y a le rêve d'Er. Ce soldat voit les âmes qui avant de boire dans le fleuve de l'Oubli choisissent leur destin. Agamemnon choisit d'être un aigle, Orphée un cygne et Ulysse — qui une fois s'appela Personne — choisit d'être le plus modeste et le plus inconnu des hommes.

Il y a chez Empédocle d'Agrigente, un passage où il rappelle ses vies antérieures : « J'ai été une jeune fille, j'ai été un arbuste, j'ai été un cerf et j'ai été un poisson muet qui surgit de la mer. » César attribue cette doctrine aux druides. Le poète celte Taliesi dit qu'il n'y a pas une forme dans l'univers qui n'ait été la sienne : « J'ai été un chef dans la bataille, j'ai été une épée dans la main, j'ai été un pont qui enjambe soixante fleuves, j'ai été pris par sortilège dans l'écume de l'eau, j'ai été une étoile, j'ai été une lumière, j'ai été au début un livre. » Un poème de Ruben Dario, peut-être le plus beau qu'il ait écrit, commence ainsi : « J'ai été un soldat qui dormit dans le lit / de Cléopâtre, la reine... »

La transmigration a été l'un des grands thèmes de la littérature. Nous la trouvons également chez les mystiques. Plotin dit que passer d'une vie à une autre c'est comme de dormir dans différents lits et dans différentes chambres. Je crois que nous avons tous eu parfois la sensation de vivre un moment déjà vécu dans une vie antérieure. Dans un superbe poème de Dante Gabriel Rossetti, *Sudden light*, on lit ceci : *I have been here before*, « J'ai déjà été ici ». Le poète s'adresse à une femme qu'il a possédée ou qu'il va posséder et il lui dit : « Tu as déjà été mienne, tu as été mienne un nombre de fois infini et tu continueras à être mienne indéfiniment. » Ceci nous amène à la théorie des cycles, qui est si proche du bouddhisme et que saint Augustin a réfutée dans *la Cité de Dieu*.

Car les stoïciens et les pythagoriciens avaient été mis au courant de la doctrine hindoue disant que l'univers est composé d'un nombre infini de cycles qui se mesurent en kalpas. Le kalpa dépasse l'imagination des hommes. Imaginons un mur de fer. Il a seize mille mètres de haut et tous les six cents ans un ange le frôle. Il le frôle avec une très fine toile de Bénarès. Quand la toile aura usé le mur qui a seize mille mètres de haut, le premier jour d'un des kalpas aura passé. Les dieux aussi durent ce que durent les kalpas, puis ils meurent.

L'histoire de l'univers est divisée en cycles et dans ces cycles il y a de longues éclipses au cours desquelles seuls demeurent les mots du Veda. Ces mots sont les archétypes qui servent à créer les choses. La divinité Brahma meurt aussi et renaît. Il y a un moment assez pathétique où Brahma se trouve dans son palais. Il est né de nouveau après un de ces kalpas, après une de ces éclipses. Il parcourt sa demeure, qui est vide. Il pense à d'autres dieux. Ces autres dieux surgissent à son ordre et ils croient que Brahma les a créés car ils étaient là auparavant.

Arrêtons-nous à cette vision de l'histoire de l'univers. Dans le bouddhisme, il n'y a pas un Dieu ; ou, s'il y en a un, là n'est pas l'essentiel. L'essentiel c'est que nous croyions que notre destin a été fixé à l'avance par notre karma, ou karman.

Si mon destin a été de naître à Buenos Aires en 1899, si je suis aveugle, si je fais cette conférence ce soir devant vous, tout cela est œuvre de ma vie antérieure. Il n'y a pas un seul détail de ma vie qui n'ait été déterminé à l'avance par ma vie antérieure. C'est ce qu'on appelle le karma. Le karma, comme je l'ai dit, est une sorte de structure mentale, de très fine structure mentale.

Nous la tissons et la brochons à chaque instant de notre vie. Non seulement par nos intentions, nos actes, nos demi-rêves, notre sommeil, notre demi-veille : tout en nous tisse perpétuellement ce karma. Quand nous mourons, il naît un autre être qui en hérite.

Deussen, disciple de Schopenhauer, fervent adepte du bouddhisme, raconte qu'il rencontra en Inde un mendiant aveugle dont il eut compassion. Le mendiant lui dit : « Si je suis né aveugle, c'est dû aux fautes que j'ai commises au cours de ma vie antérieure ; il est juste que je sois aveugle. » On accepte la souffrance. Gandhi s'oppose à la fondation d'hôpitaux en disant que les hôpitaux et les œuvres de bienfaisance retardent simplement le paiement d'une dette, qu'il ne faut pas aider les autres : si les autres souffrent, c'est qu'ils doivent souffrir car ils ont une faute à payer et si je les aide je retarde le paiement de cette dette.

Le karma est une loi cruelle mais qui a une curieuse conséquence mathématique : si ma vie actuelle est déterminée par ma vie antérieure, cette vie antérieure a été elle-même déterminée par une autre ; celle-là par une autre encore et ainsi à l'infini. Autrement dit, la lettre Z a été déterminée par l'Y, l'Y par l'X, l'X par le V, le V par l'U, excepté que cet alphabet a une fin mais n'a pas de commencement. Les bouddhistes et les hindous en général croient à un infini actuel ; ils croient que pour arriver à ce moment présent un temps infini est déjà passé et en disant infini je ne veux pas dire indéfini, innombrable, je veux dire strictement *infini*.

Des six destins qui sont permis aux hommes (on peut être un démon, une plante, un animal), le plus difficile est d'être un homme et nous devons profiter de ce destin-là pour faire notre salut.

Le Bouddha imagine au fond de la mer une tortue et un anneau qui flotte en surface. Tous les six cents ans la tortue sort la tête hors de l'eau mais il serait surprenant que la tête de la tortue passe justement dans l'anneau. Or, dit le Bouddha, « le fait que la tortue trouve l'anneau n'est pas plus surprenant que le fait que nous soyons des hommes. Nous devons profiter de ce que nous sommes des hommes pour arriver au nirvana ».

Quelle est la cause de la souffrance, la cause de la vie, si nous nions l'idée d'un Dieu, s'il n'y a pas un dieu personnel qui crée l'univers ? C'est ce concept que le Bouddha appelle le zen. Le mot zen peut nous paraître étrange mais nous allons le comparer à d'autres mots que nous connaissons.

Pensons par exemple à la Volonté de Schopenhauer. Celui-ci conçoit *Die Welt als Wille und Vorstellung*, *le Monde comme volonté et comme représentation*. Il existe une volonté qui s'incarne en chacun de nous et produit cette représentation qui est le monde. Cette idée, nous la retrouvons chez d'autres philosophes, sous un nom différent. Bergson parle de *l'élan vital* ; Bernard Shaw de *the life force*, la force vitale, ce qui est la même chose. Mais il y a une différence : pour Bergson et pour Shaw, l'élan vital est une force qui doit s'imposer, nous devons continuer à rêver le monde, à créer le monde. Pour Schopenhauer, pour le sombre Schopenhauer, et pour le Bouddha le monde est un rêve, nous devons cesser de le rêver et nous pouvons y parvenir grâce à de longs exercices. Nous avons d'abord la souffrance, qui en fait est le zen. Le zen produit la vie et la vie, forcément, est douloureuse. Qu'est-ce que vivre, en effet ? Vivre, c'est naître, vieillir, être malade, mourir, sans parler des autres maux parmi lesquels celui qui pour le Bouddha est un des plus pathétiques : être séparé de ceux qu'on aime.

Nous devons renoncer aux passions. Le suicide ne sert à rien car c'est un acte passionné. L'homme qui se suicide reste toujours dans le monde des rêves. Nous devons arriver à comprendre que le monde est une apparence, un rêve, que la vie est un songe. Mais il nous faut ressentir cela profondément, y parvenir à travers les exercices de la méditation. Dans les monastères bouddhistes un des exercices que l'on pratique est le suivant : le néophyte doit vivre chaque instant de sa vie de façon intense. Il doit penser : « Maintenant il est midi, maintenant je traverse la cour, maintenant je vais rencontrer mon supérieur », et en même temps il doit penser que midi, la cour et le supérieur sont irréels, sont aussi irréels que lui et que ses pensées. Car le bouddhisme nie le moi.

Une des désillusions majeures est celle du moi. En cela le bouddhisme est d'accord avec Hume, avec Schopenhauer et avec notre Macedonio Fernandez. Il n'y a pas un sujet pensant mais une série d'états mentaux. Si je dis « je pense », je commets une erreur car je suppose un sujet constant puis l'œuvre de ce sujet, qui est la pensée. Il n'y a rien de tel. Il faudrait dire, note Hume, non pas « je pense » mais « il est pensé » comme on dit « il pleut ». En disant « il pleut » nous ne pensons pas que la pluie exerce une action, non, *il se passe* quelque chose. Ainsi, comme on dit qu'il fait chaud, il fait froid, il pleut, nous devrions dire : il est pensé, il est souffert, et éviter le sujet pensant.

Dans les monastères bouddhistes, les néophytes sont soumis à une discipline très dure. Ils peuvent à tout moment quitter le monastère. Leurs noms, me dit Maria Kodama, ne sont même pas inscrits. Quand un néophyte entre au monastère, on le soumet à des travaux très rudes. S'il s'endort, au bout d'un quart d'heure on le réveille ; il doit laver, il doit balayer ; s'il se rendort on lui administre un châtiment corporel. Il doit ainsi penser tout le temps non à ses fautes mais à l'irréalité de tout. Il doit s'exercer continuellement à l'irréalité.

Venons-en maintenant au bouddhisme zen et à Bodhidharma. Celui-ci fut le premier missionnaire, au sixième siècle. Il passe de l'Inde à la Chine où il rencontre un empereur qui a favorisé le développement du bouddhisme, qui lui énumère une liste de monastères et de sanctuaires et lui donne le nombre des néophytes bouddhistes. Bodhidharma lui dit : « Tout cela appartient au monde de l'illusion ; ces monastères et ces moines sont aussi irréels que toi et moi. » Puis il s'assied au pied d'un mur pour méditer.

La doctrine gagne le Japon où elle se ramifie en plusieurs sectes. La plus célèbre est la secte zen. Dans le zen, on a découvert un processus pour arriver à l'illumination. Il demande au préalable des années de méditation. On y parvient brusquement ; il ne s'agit pas d'une série de syllogismes. C'est une intuition soudaine qu'on a de la vérité. On appelle ce processus le *satori* et il consiste en un fait brutal qui se situe au-delà de la logique.

Nous pensons toujours en termes de sujet et d'objet, de cause et d'effet, de logique et d'illogisme, de chose et de son contraire ; il faut que nous dépassions ces catégories. Nous devons, selon les maîtres du zen, arriver à la vérité par une

intuition soudaine, au moyen d'une réponse illogique. Le néophyte demande au maître qui est le
Bouddha. Le maître répond : « Le cyprès est le
jardin. » Réponse tout à fait illogique qui peut faire
apparaître la vérité. Le néophyte demande pourquoi Bodhidharma est venu de l'Ouest. Le maître
peut répondre : « Trois livres de lin. » Ces paroles
ne renferment aucun sens allégorique ; elles sont
une réponse extravagante destinée à susciter une
soudaine intuition. La réponse peut aussi être un
coup. Le disciple peut demander quelque chose à
son maître qui répond alors par un coup. Il existe
une histoire — ce doit être bien entendu une légende — à propos de Bodhidharma.

Celui-ci était accompagné d'un disciple qui lui
posait des questions et Bodhidharma ne répondait
jamais. Le disciple essaya de méditer puis, au bout
d'un certain temps, il se coupa le bras gauche et il
se présenta devant son maître, pensant donner
ainsi la preuve qu'il voulait être son disciple. Il
s'était mutilé délibérément pour donner une
preuve de son intention. Le maître, sans s'arrêter à
ce fait qui, après tout, n'était qu'un fait physique,
un fait illusoire, lui dit : « Qu'est-ce que tu veux ? »
Le disciple lui répondit : « J'ai cherché pendant
longtemps mon esprit et je ne l'ai pas trouvé. » Le
maître conclut : « Tu ne l'as pas trouvé parce qu'il
n'existe pas. » A cet instant, le disciple comprit la
vérité, il comprit que le moi n'existe pas, il comprit
que tout est irréel. Nous avons là, plus ou moins,
l'essentiel du bouddhisme zen.

Il est très difficile d'expliquer une religion, surtout une religion qu'on ne professe pas soi-même.
Je crois que l'important n'est pas de vivre le
bouddhisme comme un ensemble de légendes mais
plutôt comme une discipline ; une discipline qui
est à notre portée et qui n'exige aucun ascétisme de

notre part. Elle ne nous permet cependant pas de nous livrer aux licences de la vie charnelle. Ce qui nous est demandé c'est la méditation, une méditation qui ne doit pas avoir pour objet nos fautes ou notre vie passée.

Un des sujets de méditation du bouddhisme zen consiste à penser que notre vie passée n'a été qu'une illusion. Si j'étais un moine bouddhiste, je penserais que j'ai commencé à vivre à présent, que toute la vie antérieure de Borges n'a été qu'un songe, que toute l'histoire universelle n'a été qu'un songe. Grâce à des exercices d'ordre intellectuel, nous nous libérerons petit à petit du zen. Une fois que nous aurons compris que le moi n'existe pas, nous ne penserons pas que le moi puisse être heureux ou que notre devoir soit de le rendre heureux. Alors nous parviendrons au calme. Ce qui ne veut pas dire que le nirvana soit l'équivalent de la sensation de la pensée et la légende du Bouddha pourrait nous en fournir la preuve. Celui-ci, sous le figuier sacré, parvient au nirvana et il continue cependant à vivre et à prêcher la loi durant de nombreuses années.

Parvenir au nirvana, qu'est-ce que cela veut dire ? Simplement que nos actes ne projettent plus d'ombre. Tant que nous sommes dans ce monde nous sommes assujettis au karma. Chacun de nos actes tisse cette structure mentale qu'on appelle le karma. Quand nous avons atteint le nirvana, nos actes ne projettent plus d'ombre, nous sommes libres. Saint Augustin a dit qu'à partir du moment où nous sommes sauvés nous n'avons plus à nous inquiéter du bien ou du mal. Nous continuerons à agir selon le bien sans même y penser.

Qu'est-ce que le nirvana ? Une bonne partie de l'attention qu'a suscitée le bouddhisme en Occident tient à la beauté de ce mot. Il paraît impossible que ce mot de nirvana ne contienne pas quelque chose de merveilleux en soi. Qu'est-ce que le nirvana, littéralement parlant ? C'est l'extinction, la lampe sur laquelle on souffle pour l'éteindre. On a présumé que lorsqu'un être atteignait le nirvana, il s'éteignait. Mais quand il mourait, il y avait grand nirvana puis, alors, l'extinction. Contrairement à cela, un orientaliste autrichien fait remarquer que le Bouddha s'est servi de la physique de son époque et l'idée d'extinction n'était pas alors ce qu'elle est aujourd'hui car on pensait qu'une flamme, en s'éteignant, ne disparaissait pas. On pensait que la flamme continuait à vivre, qu'elle subsistait sous une autre forme et dire nirvana ne signifiait pas forcément l'extinction. Cela peut vouloir dire que nous continuons à vivre d'une autre façon. D'une façon, pour nous, inconcevable. Les métaphores des mystiques sont en général des métaphores chargées de promesses, mais celles des bouddhistes ne sont pas de cette sorte. Quand on parle du nirvana, on ne parle pas du vin du nirvana, de la rose du nirvana ou du baiser du nirvana. On le compare plutôt à une île. A une île de terre ferme au milieu des tempêtes. On le compare à une tour élevée ; il peut aussi être comparé à un jardin. C'est quelque chose qui existe de par soi, en dehors de nous autres.

Mes propos d'aujourd'hui sont fragmentaires. Il eût été absurde que je vous expose une doctrine à laquelle j'ai consacré de si nombreuses années — et qu'à vrai dire j'ai peu comprise — comme on exhibe une pièce de musée. Pour moi le bouddhisme n'est rien de tel : c'est une voie de salut. Non pas pour moi seulement mais pour des millions d'hommes. C'est la religion la plus répandue dans le monde et je pense l'avoir traitée, en vous l'exposant ce soir, avec tout le respect qu'elle mérite.

La poésie

Le panthéiste irlandais Scot Erigène dit que la
Sainte Ecriture renfermait un nombre infini de
sens et il la compara au plumage chatoyant du
paon. Plusieurs siècles après, un kabbaliste espagnol dit que Dieu fit la Sainte Ecriture pour chacun des hommes d'Israël et qu'il y avait, par
conséquent, autant de Bibles qu'il y avait de lecteurs de la Bible. On peut admettre cela si on
pense que Dieu est l'auteur de la Bible et du destin
de chacun de ses lecteurs. De ces deux opinions,
celle de Scot Erigène qui pense au plumage chatoyant du paon et celle du kabbaliste espagnol qui
pense qu'il y a autant d'Ecritures saintes que de
lecteurs, on pourrait dire qu'elles sont deux preu-
ves, la première de l'imagination celtique et la
seconde de l'imagination orientale. Mais je me
risque à affirmer qu'elles sont exactes, non seulement en ce qui concerne l'Ecriture mais aussi en
ce qui concerne tout livre digne d'être relu.
Emerson dit qu'une bibliothèque est un cabinet
magique dans lequel sont enfermés de nombreux
esprits enchantés. Ils se réveillent quand on les
appelle ; tant qu'on n'ouvre pas un livre, ce livre
est, littéralement, géométriquement, un bloc, une
chose parmi les choses. Quand on l'ouvre, quand

le livre trouve son lecteur, se produit le fait esthétique. Et pour le lecteur lui-même, convient-il d'ajouter, un même livre change puisque nous changeons, puisque nous sommes — pour reprendre ma citation préférée — le fleuve d'Héraclite, puisque selon ce dernier l'homme d'hier n'est pas l'homme d'aujourd'hui et celui d'aujourd'hui ne sera pas l'homme de demain. Nous changeons sans cesse et l'on peut dire que chaque lecture d'un livre, chaque relecture, chaque souvenir de cette relecture, renouvelle le texte. Le texte est lui aussi le fleuve changeant d'Héraclite.

On peut en venir ainsi à la doctrine de Croce laquelle, si elle n'est pas la plus pénétrante, est sans doute la moins préjudiciable : l'idée que la littérature est expression. Ce qui nous amène à cette autre doctrine de Croce qu'on a tendance à oublier : si la littérature est expression, cette littérature est faite de mots et le langage est lui aussi un phénomène esthétique. Cela, nous avons du mal à l'admettre : que le langage soit un fait esthétique. Presque personne ne professe la doctrine de Croce mais tout le monde l'applique à chaque instant.

Nous disons que l'espagnol est une langue sonore, que l'anglais a une grande variété de sons, le latin une dignité particulière à laquelle aspirent toutes les langues qui l'ont suivi : nous appliquons aux langues des catégories esthétiques. On suppose, à tort, que le langage correspond à la réalité, à cette chose si mystérieuse que nous appelons la réalité. A vrai dire, le langage est autre chose.

Pensons à une chose jaune, resplendissante, changeante ; cette chose est parfois dans le ciel, toute ronde ; parfois elle a la forme d'un arc, ou elle se met à croître et à décroître. Quelqu'un — mais nous ne saurons jamais le nom de ce quelqu'un —, notre ancêtre, notre ancêtre commun, donna à cette chose le nom de *lune*, qui diffère selon les langues de façon plus ou moins heureuse. Je dirais que le mot grec *Séléné* est trop complexe pour la lune, que le mot anglais *moon* a quelque chose de statique, quelque chose qui oblige la voix à une lenteur qui convient à la lune, qu'il ressemble à la lune car il est presque circulaire, il commence presque avec la même lettre par laquelle il s'achève. Quant au mot espagnol *luna*, ce mot superbe que nous avons hérité du latin, ce mot superbe qu'on retrouve en italien, comporte deux syllabes, deux parties, ce qui est peut-être trop. Nous avons *lua* en portugais, qui semble moins heureux ; et *lune*, en français, qui a quelque chose de mystérieux.

Puisque nous parlons l'espagnol, prenons le mot *luna*. Pensons que quelqu'un, un jour, inventa le mot *luna*. Sans doute la première invention fut-elle très différente. Pourquoi ne pas nous arrêter au premier homme qui, d'une façon ou d'une autre, nomma la lune ?

Il y a une métaphore que j'ai eu l'occasion de citer plus d'une fois (pardonnez-moi cette monotonie, mais ma mémoire est une vieille mémoire de plus de soixante-dix ans), cette métaphore persane qui dit que la lune est le miroir du temps. Dans cette expression « miroir du temps » il y a la fragilité de la lune et aussi l'éternité. Il y a cette contradiction d'une lune presque translucide, évanescente, mais dont la mesure est l'éternité.

En allemand, le mot *lune* est masculin. Nietzsche put ainsi dire que la lune était un moine qui regardait avec envie la terre, ou un chat, *Kater*, qui marchait sur un tapis d'étoiles. Les genres grammaticaux eux aussi ont une influence en poésie. Dire « lune » ou dire « miroir du temps » deux faits esthétiques mais le second est une œuvre de deuxième ordre, car « miroir du temps » comporte deux unités tandis que « lune » nous donne peut-être encore plus efficacement le mot, l'idée de la lune. Chaque mot est une œuvre poétique.

On croit que la prose est plus proche de la réalité que la poésie. Il me semble que c'est une erreur. Il y a une idée qu'on attribue au conteur Horacio Quiroga, qui dit que si un vent froid souffle du côté de la rivière, il faut écrire simplement : *un vent froid souffle du côté de la rivière*. Quiroga, s'il a vraiment dit cela, semble avoir oublié que cette construction est aussi éloignée de la réalité que le vent froid qui souffle du côté de la rivière. Quelle perception avons-nous ? Nous sentons l'air qui bouge, nous appelons cela vent ; nous sentons que ce vent vient d'une certaine direction, du côté de la rivière. Et de tout cela nous formons quelque chose d'aussi complexe qu'un poème de Góngora ou qu'une phrase de Joyce. Revenons à la phrase « le vent souffle du côté de la rivière ». Nous créons un sujet : *le vent* ; un verbe : qui *souffle* ; dans une circonstance réelle : *du côté de la rivière*. Tout cela est loin de la réalité ; la réalité est plus simple. Cette phrase prosaïque en apparence, délibérément prosaïque et banale choisie par Quiroga est une phrase compliquée, est une structure.

Prenons le fameux vers de Carducci « le silence vert des champs ». Nous pourrions penser qu'il s'agit d'une erreur, que Carducci a changé la place de l'épithète ; il aurait dû écrire « le silence des champs verts ». Par ruse ou rhétorique il l'a changé de place et il a parlé du vert silence des champs. Venons-en à la perception de la réalité. Quelle est-elle ? Nous sentons plusieurs choses en même temps. (Le mot *chose* est peut-être trop précis.) Nous sentons la campagne, la vaste présence de la campagne, nous sentons la verdeur et le silence. Déjà le fait qu'il y ait un mot pour *silence* est une création esthétique. Car le silence s'appliquerait à des personnes, une personne est silencieuse ou une campagne est silencieuse. Appliquer le mot « silence » au fait qu'il n'y a pas de bruit dans la campagne, c'est là une opération esthétique qui fut sans doute audacieuse à l'époque. Quand Carducci dit « le silence vert des champs » il dit quelque chose qui est aussi proche et aussi éloigné de la réalité immédiate que s'il avait dit « le silence des champs verts ».

Nous avons un autre exemple fameux d'hypallage, ce vers insurpassé de Virgile : *Ibant obscuri sola sub nocte per umbram*, « Ils allaient obscurs dans la nuit solitaire à travers l'ombre ». Laissons le *per umbram* qui n'est là que pour la mesure et prenons « ils allaient obscurs (Enée et la Sibylle), dans la nuit solitaire » (« solitaire » en latin a plus de force, le mot étant placé devant *sub*). Nous pourrions penser qu'on a changé la place des mots car on aurait dû normalement dire « ils allaient solitaires dans la nuit obscure ». Cependant, essayons d'évoquer cette image, pensons à Enée et à la Sibylle et nous verrons qu'il est aussi proche de notre image de dire « ils allaient obscurs dans la nuit solitaire » que de dire « ils allaient solitaires dans la nuit obscure ».

Le langage est une création esthétique. Je crois qu'il n'y a aucun doute là-dessus, et la preuve en est que lorsque nous apprenons une langue étrangère, quand nous examinons les mots de près, nous les trouvons beaux ou laids. En étudiant une langue étrangère, on voit les mots à la loupe, on se dit ce mot est laid, celui-ci est beau, celui-là pesant. Il n'en va pas de même avec notre langue maternelle où les mots ne nous apparaissent pas détachés du discours.

La poésie, dit Croce, est expression si un vers est expression, si chacune des parties dont le vers est composé, chacun des mots est expressif en soi. Vous allez dire que c'est une chose très banale, que tout le monde sait cela. Mais je me demande si nous le savons vraiment ; je crois que nous avons l'impression de le savoir parce que c'est indéniable. Le fait est que la poésie ce n'est pas des livres dans une bibliothèque, ce n'est pas les livres du cabinet magique d'Emerson.

La poésie c'est la rencontre du lecteur avec le livre, la découverte du livre. Il y a une autre expérience esthétique, c'est le moment, très étrange aussi, où le poète conçoit l'œuvre, où il découvre ou invente l'œuvre. En latin, comme on sait, les mots « inventer » et « découvrir » sont synonymes. Tout cela concorde avec la doctrine platonicienne qui dit qu'inventer, que découvrir, c'est se souvenir. Francis Bacon ajoute que si apprendre c'est se souvenir, ignorer c'est savoir oublier ; tout est déjà là, il nous faut simplement le voir.

Quand j'écris quelque chose, j'ai la sensation que ce quelque chose préexiste. Je pars d'un concept général, j'ai plus ou moins le début et la fin, puis je découvre peu à peu les parties intermédiaires ; mais je n'ai pas l'impression de les inventer, je n'ai pas l'impression qu'elles dépendent de mon libre arbitre ; les choses sont ainsi. Elles sont ainsi, mais elles sont cachées et mon devoir de poète est de les découvrir.

Bradley dit qu'un des effets de la poésie devrait être de nous donner l'impression non pas de trouver quelque chose de nouveau mais de nous rappeler quelque chose d'oublié. A la lecture d'un beau poème nous pensons que nous aussi nous aurions pu l'écrire ; que ce poème préexistait en nous. Ceci nous amène à la définition que donne Platon de la poésie : *cette chose légère, ailée et sacrée*. La définition est trompeuse, car cette chose légère, ailée et sacrée pourrait être la musique (mais la poésie est une forme de musique). Platon a fait bien mieux que de définir la poésie : il nous donne un exemple de poésie. Nous en venons ainsi à l'idée que la poésie est l'expérience esthétique, c'est un peu comme une révolution dans l'enseignement de la poésie.

J'ai été professeur de littérature anglaise à la faculté de philosophie et de lettres de l'université de Buenos Aires et j'ai essayé de laisser de côté dans la mesure du possible l'histoire de la littérature. Quand mes étudiants me demandaient une bibliographie je leur disais : « Peu importe la bibliographie ; Shakespeare, après tout, ignorait la bibliographie shakespearienne. Johnson ne pouvait prévoir les livres qu'on écrirait sur lui. Pourquoi n'étudiez-vous pas directement les textes ? Si ceux-ci vous plaisent, très bien, et s'ils ne vous plaisent pas, laissez-les car l'idée de la lecture obligatoire est une idée absurde : autant parler de bonheur obligatoire. Je crois que la poésie est quelque chose qu'on sent, et si vous ne sentez pas la poésie, la beauté d'un texte, si un récit ne vous donne pas l'envie de savoir ce qui s'est passé ensuite, c'est que l'auteur n'a pas écrit pour vous. Laissez-le de côté car la littérature est assez riche pour vous offrir un auteur digne de votre attention, ou indigne aujourd'hui de votre attention mais que vous lirez demain. »

Voilà ce que j'enseignais, en m'en tenant au fait esthétique, qui n'a pas besoin d'être défini. Le fait esthétique est quelque chose d'aussi évident, d'aussi immédiat, d'aussi indéfinissable que l'amour, que la saveur d'un fruit, que l'eau. Nous sentons la poésie comme nous sentons la présence d'une femme, ou comme nous sentons le voisinage d'une montagne ou d'une baie. Si nous la sentons de façon immédiate, pourquoi la diluer dans d'autres mots qui seront certainement moins forts que nos sentiments.

Certaines personnes sont peu sensibles à la poésie ; elles se consacrent, en général, à l'enseigner. Personnellement je crois être sensible à la poésie et je crois ne l'avoir jamais enseignée, je n'ai pas enseigné à aimer tel ou tel texte : j'ai appris à mes étudiants à aimer la littérature, à voir en elle une forme de bonheur. Je suis presque incapable d'une pensée abstraite, vous avez dû remarquer que je m'appuie constamment sur des citations ou des souvenirs. Plutôt que de parler de poésie dans l'abstrait, ce qui est une forme de l'ennui ou de la paresse, nous pourrions prendre deux textes en espagnol et les étudier.

J'ai choisi deux textes très connus car j'ai déjà dit que ma mémoire est mauvaise et je préfère prendre un texte qui est déjà, qui préexiste déjà, dans vos mémoires. Nous allons étudier ce fameux sonnet de Quevedo, écrit à la mémoire de don Pedro Téllez Giron, duc d'Osuna. Je vais le réciter lentement puis nous le reprendrons, vers par vers :

> *Faltar pudo su patria al grande Osuna,*
> *pero no a su defensa sus hazañas ;*
> *diéronle muerte y cárcel las Españas,*
> *de quien él hizo esclava la Fortuna.*
>
> *Lloraron sus invidias una a una*
> *con las proprias naciones las extrañas ;*
> *su tumba son de Flandes las campañas,*
> *y su epitafio la sangrienta Luna.*

En sus exequias encendió al Vesubio
Parténope y Trinacria al Mongibelo ;
el llanto militar creció en diluvio.

Dióle el mejor lugar Marte en su cielo ;
la Mosa, el Rhin, el Tajo y el Danubio
murmuran con dolor su desconsuelo.

MEMOIRE IMMORTELLE
DE DON PEDRO GIRON,
DUC D'OSUNA, MORT EN PRISON

Manquer put sa patrie au grand Osuna,
Mais non à sa défense ses exploits ;
Mort et prison lui donnèrent les Espagnes,
Dont esclave il fit la Fortune.

Pleurèrent ses rages une à une,
Avec ses propres nations, les étrangères ;
Sa tombe sont les campagnes de Flandres,
Et son épitaphe la lune sanglante.

Pour ses obsèques incendia le Vésuve
Parthénope, et Trinacrie le Montgibel ;
Le pleur militaire a grandi en déluge.

Mars la meilleure place lui donna dans son ciel ;
La Meuse, le Rhin, le Tage et le Danube
Avec douleur leur désespoir murmurent.

(Traduction de Frédéric Magne.)

Ce que je remarque d'abord c'est qu'il s'agit
d'une plaidoirie. Le poète veut défendre la mémoire du duc d'Osuna qui, dit-il dans un autre
poème, « mourut en prison et mort fut empri-
sonné ».

Le poète dit que l'Espagne a une dette de reconnaissance envers le duc d'Osuna, pour les grands
services militaires qu'il lui a rendus et qu'elle s'en

est acquittée en l'emprisonnant. Ce raisonnement n'a aucun sens car il n'y a aucune raison pour qu'un héros ne soit pas coupable ou pour qu'un héros ne soit pas châtié. Pourtant,

> Manquer put sa patrie au grand Osuna,
> Mais non à sa défense ses exploits ;
> Mort et prison lui donnèrent les Espagnes,
> Dont esclave il fit la Fortune

est un moment démagogique. Remarquez que je ne suis ni pour ni contre ce sonnet, j'essaie de l'analyser.

> Pleurèrent ses rages une à une,
> Avec ses propres nations, les étrangères.

Ces deux vers n'ont pas grande résonance poétique ; ils ont été mis là parce qu'il fallait faire un sonnet, et pour les besoins de la rime. Quevedo suivait la forme difficile du sonnet à l'italienne qui exige quatre rimes. Shakespeare adopta celle, plus facile, du sonnet élisabéthain, qui en exige deux. Quevedo ajoute :

> *su tumba son de Flandres las campañas,*
> *y su epitafio la sangrienta Luna.*
> Sa tombe sont les campagnes de Flandres,
> Et son épitaphe la lune sanglante.

Voilà l'essentiel. Ces vers doivent leur richesse à leur ambiguïté. Je me rappelle beaucoup de discussions sur l'interprétation de ces vers. Que signifie « Sa tombe sont les campagnes de Flandres » ? Nous pouvons penser aux champs de Flandres ou aux campagnes militaires menées par le duc. « Et son épitaphe la lune sanglante » est un des vers les plus mémorables de la langue espagnole. Que veut-il dire ? Nous pensons à la lune sanglante de l'Apocalypse, nous pensons à la lune qui se doit d'être rouge sur un champ de bataille, mais il y a un autre sonnet de Quevedo, dédié lui aussi au duc d'Osuna, qui dit : « aux lunes de Thrace par une sanglante / éclipse s'achève ta campagne. » Quevedo dut penser, d'abord, au pavillon ottoman ; la sanglante lune devait être le croissant rouge. Je pense que nous serons tous d'accord pour n'écarter aucun de ces sens ; nous ne dirons pas que Quevedo fait allusion aux expéditions militaires du duc, ou à ses feuilles de service, ou à la campagne flamande, ou à la lune sanglante sur le champ de bataille ou au drapeau turc. Quevedo n'a pas manqué de percevoir ces divers sens. Ces vers sont beaux parce qu'ils sont ambigus.

Puis :

> *En sus exequias encendió al Vesubio*
> *Parténope y Trinacria al Mongibelo.*
> Pour ses obsèques incendia le Vésuve
> Parthénope, et Trinacrie le Montgibel.

C'est-à-dire que Naples alluma le Vésuve et la Sicile l'Etna. C'est curieux qu'il ait choisi ces noms anciens qui semblent éloigner l'ensemble du poème des noms si illustres d'alors. Et

> *el llanto militar creció en diluvio.*
> Le pleur militaire a grandi en déluge.

Nous avons là une autre preuve que la poésie est une chose et la rationalité une autre ; l'image des soldats qui pleurent jusqu'à produire un déluge est manifestement absurde. Le vers, qui a ses lois, ne l'est pas. Le « pleur militaire », surtout *militaire*, est surprenant. *Militaire* est un adjectif qui surprend appliqué au pleur.

Puis :

> *Dióle el mejor lugar Marte en su cielo.*
> Mars la meilleure place lui donna dans son ciel.

Nous ne pouvons pas non plus, logiquement, justifier ce vers ; cela n'a aucun sens de penser que Mars logea le duc d'Osuna à côté de César. Le vers existe par la vertu de l'hyperbate. C'est la pierre de touche de la poésie : le vers existe au-delà du sens.

> *La Mosa, el Rhin, el Tajo y el Danubio*
> *murmuran con dolor su desconsuelo.*
> La Meuse, le Rhin, le Tage et le Danube
> Avec douleur leur désespoir murmurent.

Je dirais que ces vers qui m'ont impressionné pendant des années sonnent, pourtant, essentiellement faux. Quevedo s'est laissé emporter par l'idée d'un héros pleuré par la géographie de ses campagnes et par des fleuves illustres. Nous sentons que l'idée ne cesse d'être fausse ; il eût été plus vrai de dire la vérité, de dire ce que dit, par exemple, Wordsworth, à la fin de ce sonnet où il reproche à Douglas d'avoir fait abattre une forêt. Et il dit, certes, que ce que fit Douglas avec la forêt fut terrible, qu'il jeta à terre une noble horde, « une fraternité d'arbres vénérables », mais pourtant, il ajoute que nous nous plaignons de maux qui importent peu à la nature elle-même, car la rivière Tweed, les vertes prairies, les collines et les montagnes continuent d'exister. Il sentit qu'il pouvait tirer un meilleur effet de la vérité. En disant la vérité : que nous souffrons de voir ces beaux arbres abattus mais que la nature s'en moque. La nature (s'il existe vraiment une entité qui s'appelle la nature) sait qu'elle peut les recréer et la rivière suit son cours.

Il est vrai que pour Quevedo il s'agit des divinités des fleuves. Peut-être qu'il eût été plus poétique de dire que les fleuves des guerres d'Osuna ne se souciaient pas de la mort du duc. Mais Quevedo voulait faire une élégie, un poème sur la mort d'un homme. Qu'est-ce que la mort d'un homme ? Avec lui, comme l'observa Pline, meurt une figure qui ne se répétera pas. Chaque homme a sa figure unique et avec lui meurent mille circonstances, mille souvenirs. Souvenirs d'enfance et traits humains, trop humains. Quevedo ne semble rien ressentir de tout cela. Son ami le duc d'Osuna était mort en prison et Quevedo écrit ce sonnet avec froideur ; nous sentons son indifférence essentielle. Il l'écrit comme un plaidoyer contre l'Etat qui a fait emprisonner le duc. On dirait qu'il n'aime pas Osuna ; en tout cas, il ne nous le fait pas aimer. Pourtant nous avons là un des grands sonnets de notre langue.

Passons à un autre poème, d'Enrique Banchs. Il serait absurde de dire que Banchs est meilleur poète que Quevedo. Que signifient, d'ailleurs, ces comparaisons ?

Considérons ce sonnet de Banchs et voyons en quoi consiste son charme :

> *Hospitalario y fiel en su reflejo*
> *donde a ser apariencia se acostumbra*
> *el material vivir, está el espejo*
> *como un claro de luna en la penumbra.*
>
> *Pompa le da en las noches la flotante*
> *claridad de la lámpara, y tristeza*
> *la rosa que en el vaso agonizante*
> *tambien en él inclina la cabeza.*

Si hace doble al dolor, también repite
las cosas que me son jardín del alma.
Y acaso espera que algún dia habite

en la ilusión de su azulada calma
el Huésped que le deje reflejadas
frentes juntas y manos enlazadas.

Hospitalier et fidèle en son reflet
où à n'être qu'apparence s'accoutume
la matérielle existence, apparaît le miroir
comme un clair de lune dans la pénombre.

Du faste lui donne le soir la flottante
clarté de la lampe, et tristesse
la rose qui dans son vase agonisante
en lui aussi sa tête incline.

S'il rend double la douleur, il renvoie aussi
les choses qui me sont jardin de l'âme.
Et peut-être attend-il qu'un jour habite

dans l'illusion de son calme bleuté
l'Hôte qui lui laissera refléter
des fronts unis et des mains enlacées.

Ce sonnet est très curieux car le miroir n'en est pas le protagoniste : il y a un protagoniste secret qui nous est révélé à la fin. Nous avons avant tout ce thème, si poétique : le miroir qui dédouble l'apparence des choses :

> où à n'être qu'apparence s'accoutume
> la matérielle existence...

Je pense à Plotin. On voulut faire son portrait et il refusa en disant : « Je suis moi-même une ombre, une ombre de l'archétype qui est au ciel. A quoi bon faire une ombre de cette ombre ? »

Qu'est-ce que l'art, pensait Plotin, sinon une apparence au second degré. Si l'homme est éphémère, comment peut-on adorer une image de l'homme. Banchs a ressenti cela ; il a ressenti l'aspect fantasmatique du miroir.

C'est vraiment terrible qu'il y ait des miroirs : j'ai toujours eu la terreur des miroirs. Je crois qu'Edgar Allan Poe l'eut aussi. Un de ses essais, l'un des moins connus, parle de la décoration des pièces. Une des règles qu'il donne est de placer les miroirs de telle sorte qu'une personne assise ne puisse s'y refléter. Cela nous indique sa crainte de se voir dans un miroir. Nous la retrouvons dans sa nouvelle *William Wilson* sur le double et dans l'histoire d'*Arthur Gordon Pym*. Il s'agit d'une tribu antarctique et d'un homme de cette tribu qui voit pour la première fois un miroir et tombe au sol, horrifié.

Nous nous sommes habitués aux miroirs mais il y a quelque chose de redoutable dans cette duplication visuelle de la réalité. Revenons au sonnet de Banchs. « Hospitalier » donne déjà au miroir un trait humain qui est un lieu commun. Pourtant, nous n'avons jamais pensé que les miroirs étaient hospitaliers. Les miroirs reçoivent tout en silence, avec une aimable résignation :

> Hospitalier et fidèle en son reflet
> où à n'être qu'apparence s'accoutume
> la matérielle existence, apparaît le miroir
> comme un clair de lune dans la pénombre.

Nous voyons que le miroir est aussi lumineux et en outre Banchs le compare à quelque chose d'intangible comme la lune. Il continue à sentir l'aspect magique et étrange du miroir : « comme un clair de lune dans la pénombre ».

Puis :

> Du faste lui donne le soir la flottante
> clarté de la lampe...

La « flottante clarté » veut que les choses ne
soient pas définies ; tout doit être imprécis comme
le miroir, le miroir dans l'ombre. Ce doit être le
soir, ou la nuit. Et ainsi : '

> ... la flottante
> clarté de la lampe, et tristesse
> la rose qui dans son vase agonisante
> en lui aussi sa tête incline.

Pour qu'il n'y ait pas que du vague, nous avons
maintenant une rose, une rose précise.

> S'il rend double la douleur, il renvoie aussi
> les choses qui me sont jardin de l'âme.
> Et peut-être attend-il qu'un jour habite
>
> dans l'illusion de son calme bleuté
> l'Hôte qui lui laissera refléter
> des fronts unis et des mains enlacées.

Nous arrivons là au thème du sonnet, qui n'est
pas le miroir mais l'amour, le pudique amour. Le
miroir n'espère pas voir reflétés des fronts joints et
des mains enlacées, c'est le poète qui espère les
voir. Mais une sorte de pudeur le porte à dire
tout cela de façon indirecte et cela est admirable-
ment préparé car dès le début nous avons « hospitalier et fidèle », car dès le début le miroir n'est
pas le miroir de verre ou de métal. Le miroir est
un être humain, il est hospitalier et fidèle, et il
nous habitue à voir le monde des apparences, un
monde d'apparences qui à la fin s'identifie avec

le poète. C'est le poète qui désire voir l'Hôte, l'amour.

La différence essentielle entre ce sonnet et celui de Quevedo c'est que nous sentons immédiatement la vivante présence de la poésie dans ces deux vers :

> Sa tombe sont les campagnes de Flandres
> Et son épitaphe la lune sanglante.

J'ai parlé des langues et de l'injustice qu'il y a à les comparer les unes aux autres ; je n'en veux pour preuve que le fait suivant, c'est que si nous pensons à un vers, à une strophe espagnole, à celle-ci par exemple :

> *quién hubiera tal ventura*
> *sobre las aguas del mar*
> *como hubo el conde Arnaldos*
> *la mañana de San Juan*[1],

peu importe que cette chance fût un bateau, peu importe le comte Arnaldos mais nous sentons que ces vers ne pouvaient être écrits qu'en espagnol. Le son du français ne me plaît pas, je crois qu'il lui manque la sonorité des autres langues latines. Pourtant, comment puis-je dire du mal d'une langue qui a permis d'aussi admirables vers que celui-ci, de Victor Hugo :

> L'hydre-Univers tordant son corps écaillé d'astres,

comment critiquer une langue sans laquelle de tels vers seraient impossibles ?

1. Qui aurait cette chance
sur les eaux de la mer
qu'eut le comte Arnaldos
le matin de la Saint-Jean.

Quant à l'anglais, je crois qu'il a le défaut d'avoir perdu les voyelles ouvertes de l'anglais ancien. Pourtant, cela n'a pas empêché Shakespeare d'écrire des vers tels que ceux-ci :

And shake the yoke of inauspicious stars
From this worldweary flesh,

qu'on peut traduire maladroitement par « et secouer de notre chair lasse du monde le joug des néfastes étoiles ». En français ce n'est rien ; en anglais, c'est tout. Si je devais choisir une langue (mais il n'y a aucune raison pour ne pas les choisir toutes), pour moi cette langue serait l'allemand, qui a la possibilité de former des mots composés (comme l'anglais, mais davantage encore) et qui a des voyelles ouvertes et une si admirable musique. Quant à l'italien, il suffit de *la Divine Comédie*.

Qu'il y ait tant de beauté éparse dans diverses langues, cela n'a rien de surprenant. Mon maître, le grand poète judéo-espagnol Rafael Cansinos-Asséns, fit à Dieu cette prière : « Oh ! Seigneur, épargne-nous tant de beauté » ; et Browning dit : « Quand nous nous sentons le plus en sécurité il survient quelque chose, un coucher de soleil, la fin d'un chœur d'Euripide, et nous sommes de nouveau perdus. »

La beauté est toujours prête à nous surprendre. Si nous avions assez de sensibilité, nous pourrions la sentir dans la poésie de toutes les langues.

J'aurais dû étudier davantage les littératures orientales, je n'ai fait que les entrevoir à travers des traductions. Mais j'ai senti le choc, l'impact de la beauté. Par exemple, dans ce vers du persan Hafiz : « Je m'envole, ma poussière sera ce que je suis. » Il y a là toute la doctrine de la transmigration : « ma poussière sera ce que je suis », je renaîtrai une autre fois, une autre fois, dans un autre siècle, je serai Hafiz, le poète. Tout cela est donné en quelques mots que j'ai lus en anglais, mais qui ne peuvent être très différents du persan.

Ma poussière sera ce que je suis, cela est trop simple pour qu'on l'ait changé.

Je crois que c'est une erreur d'étudier la littérature de façon historique, bien que peut-être ni vous ni moi ne puissions le faire d'une autre façon. Un homme, qui à mon sens fut un excellent poète et un mauvais critique, Marcelino Menéndez y Pelayo, publia un recueil qui s'intitule *les Cent meilleures poésies lyriques de la langue espagnole*. Nous trouvons là : « *Ande yo caliente, y riase la gente* [1] ». Si c'est là une des meilleures poésies espagnoles, on peut se demander comment sont les moins bonnes. Mais nous trouvons dans ce même recueil les vers de Quevedo que j'ai cités, l'Epître de l'Anonyme sévillan et bien d'autres poèmes admirables. Malheureusement, il n'y en a aucun de Menéndez y Pelayo qui s'est exclu de son anthologie.

La beauté est présente partout, peut-être à chaque instant de notre vie. Mon ami Roy Bartholomew, qui vécut plusieurs années en Perse et traduisit directement du parsi Omar Khayyam, m'a dit ce que je soupçonnais déjà : qu'en Orient on n'a pas l'habitude d'étudier l'histoire de la littérature et de la philosophie. D'où l'étonnement de Deussen et de Max Müller qui ne purent établir une chronologie d'auteurs. On étudie l'histoire de la philosophie comme si Aristote discutait avec Bergson, Platon avec Hume, comme si tout était simultané.

1. En traduction libre : « Couvre-toi bien et laisse rire les gens. »

Je conclurai en citant trois prières de marins phéniciens. Quand un bateau était sur le point de faire naufrage — nous sommes au premier siècle de notre ère — les marins récitaient l'une des trois. En voici une :

Mère de Carthage, je rends mon aviron.

Mère de Carthage, c'est la ville de Tyr, d'où Didon était originaire. Puis, « je rends mon aviron ». Ici nous avons quelque chose d'extraordinaire : le Phénicien qui ne conçoit l'existence que la rame à la main. Il a accompli son existence et il rend son aviron pour que d'autres continuent à ramer.

La deuxième des trois prières est plus pathétique encore :

Je dors, puis je recommence à ramer.

L'homme n'envisage pas un autre destin ; apparaît en outre l'idée du temps cyclique.

Enfin, celle-ci qui est très émouvante et qui diffère des deux autres car elle n'implique pas l'acceptation du destin ; c'est le cri désespéré d'un homme qui va mourir, qui va être jugé par de redoutables divinités et qui dit :

Dieux, ne me jugez pas comme un dieu
mais comme un homme
que la mer a brisé.

Nous sentons immédiatement, du moins je sens immédiatement, dans ces trois prières, la présence de la poésie. On trouve en elles le fait esthétique, non pas dans des bibliothèques, ni dans des bibliographies, ni dans des études sur des familles de manuscrits ni dans des volumes fermés.

J'ai lu ces trois prières de marins phéniciens dans la nouvelle de Kipling intitulée *The Manner of Men*, une nouvelle sur saint Paul. Sont-elles authentiques, comme on dit à tort, ou bien ont-elles été écrites par le grand poète Kipling ? J'ai eu honte après m'être posé la question car quelle importance y a-t-il à choisir ? Voyons les deux possibilités, les deux cornes du dilemme.

Dans le premier cas, il s'agit de prières de marins phéniciens, gens de mer qui ne concevaient la vie que sur l'eau. Du phénicien, disons qu'elles passèrent au grec ; du grec au latin, du latin à l'anglais. Kipling les récrivit.

Dans le second cas, un grand poète, Rudyard Kipling, imagine des marins phéniciens ; il est en quelque sorte auprès d'eux ; en quelque sorte *il devient* ces marins. Il ne conçoit plus la vie autrement que maritime et ces prières lui viennent aux lèvres. Tout s'est produit dans le passé : les marins anonymes phéniciens sont morts, Kipling est mort. Qu'importe lequel de ces fantômes écrivit ou pensa ces vers ?

Une curieuse métaphore d'un poète hindou que je ne puis sans doute apprécier entièrement, dit ceci : « L'Himalaya, ces hautes montagnes de l'Himalaya (dont les cimes sont, selon Kipling, les genoux d'autres montagnes), l'Himalaya est le rire de Shiva. » Les hautes montagnes sont le rire d'un dieu, d'un dieu terrible. La métaphore est, en tout cas, étonnante.

Je pense que la beauté est une sensation physique, quelque chose que nous ressentons avec tout notre corps. Ce n'est pas le fruit d'une réflexion, il n'y a pas de règle pour l'atteindre ; nous sentons la beauté ou nous ne la sentons pas.

Je conclurai par un beau vers de ce poète qui, au dix-septième siècle, prit le nom étrangement

poétique, splendide, d'Angelus Silesius. Il résume
en fait tout ce que j'ai dit ce soir, sauf que, moi, je
me suis exprimé par des raisonnements ou des
simulacres de raisonnements : je le dirai d'abord
en français puis en allemand, pour que vous l'en-
tendiez :

La rose est sans pourquoi ; elle fleurit parce qu'elle
[fleurit.
Die Rose ist ohne warum ; sie blühet weil sie blühet.

La Kabbale

Les doctrines diverses et parfois contradictoires qu'on appelle la Kabbale procèdent d'un concept tout à fait étranger à notre mentalité occidentale, celui du livre sacré. Nous avons, direz-vous, un concept analogue : celui du livre classique. Je crois qu'il me sera facile de démontrer, avec l'aide d'Oswald Spengler et de son livre *Der Untergang des Abendlandes, le Déclin de l'Occident*, que ces deux concepts diffèrent l'un de l'autre.

Prenons le mot « classique ». Quel est son sens étymologique ? « Classique » vient de *classis* : « frégate », « escadre ». Un livre classique est un livre ordonné comme tout doit l'être à bord d'un bateau ; *shipshape*, comme on dit en anglais. Outre ce sens relativement modeste, un livre classique est un livre éminent dans son genre. Nous disons ainsi que le *Quichotte*, que *la Divine Comédie*, que *Faust* sont des livres classiques.

Bien qu'on ait poussé la vénération de ces ouvrages jusqu'à un point peut-être excessif, ils relèvent d'un concept différent. Les Grecs considéraient que *l'Iliade* et *l'Odyssée* étaient des œuvres classiques ; Alexandre, comme nous l'apprend Plutarque, avait toujours sous son oreiller une épée et *l'Iliade*, les deux symboles de son destin de guerrier. Il n'est pourtant venu à l'idée d'aucun Grec que *l'Iliade* pût être une œuvre parfaite dans chacun de ses mots. Des bibliothécaires se réunirent à Alexandrie pour étudier cette œuvre et au cours de leurs travaux ils inventèrent les indispensables signes de ponctuation qu'aujourd'hui malheureusement on oublie parfois. *L'Iliade* était un livre éminent ; on le considérait comme le sommet de la poésie mais on ne pensait pas pour autant que chaque mot, chaque hexamètre en fût forcément admirable. Il s'agit là d'un autre concept.

Horace a dit : « Le brave Homère s'endort parfois. » Personne n'irait dire que le brave Esprit saint s'endort parfois.

Malgré la muse (l'idée de muse est assez vague) un traducteur anglais a pensé que quand Homère dit : « Un homme en colère, tel est mon sujet », *An angry man, this is my subject,* on ne considérait pas le livre comme admirable dans chacune de ses lettres : on considérait qu'il pouvait admettre des variantes et on l'a étudié de façon historique. On a étudié et on étudie encore ces œuvres d'une façon historique ; on les situe dans un contexte. L'idée d'un livre sacré est tout à fait différente.

Aujourd'hui nous pensons qu'un livre doit servir à justifier, à défendre, à combattre, à exposer ou à illustrer une doctrine. Dans l'Antiquité, on pensait qu'un livre était un succédané de la parole : on ne le voyait que sous ce seul aspect. Rappelons-nous le texte de Platon où il dit que les livres sont comme des statues qui ont l'air vivantes mais si on leur demande quelque chose, elles ne savent pas répondre. Pour pallier cette difficulté, il inventa le dialogue platonicien qui explore toutes les facettes possibles d'un sujet.

Nous avons aussi la lettre, très belle et très curieuse, que, selon Plutarque, Alexandre de Macédoine envoya à Aristote. Ce dernier venait de publier sa *Métaphysique* c'est-à-dire de demander qu'on en fît plusieurs copies. Alexandre le critique, en lui disant que tous maintenant pourront savoir ce qu'auparavant seuls les élus savaient. Aristote lui répond en se défendant, sans doute avec sincérité : « Mon traité a été publié sans l'être. » On ne pensait pas alors qu'un livre exposait totalement un sujet, on le considérait comme une sorte de guide accompagnant un enseignement oral.

Héraclite et Platon critiquèrent, pour des raisons diverses, l'œuvre d'Homère. Ces écrits étaient vénérés mais on ne les tenait pas pour sacrés. L'idée d'un livre sacré est un concept spécifiquement oriental.

Pythagore ne laissa pas une ligne écrite. On suppose qu'il ne voulait pas être lié à un texte. Il voulait que sa pensée continuât à vivre et à se développer dans l'esprit de ses disciples après sa mort. De là vient l'expression *magister dixit* qu'on emploie toujours mal. *Magister dixit* ne veut pas dire « le maître l'a dit » par conséquent la discussion est close. Si par exemple un pythagoricien proclamait une doctrine qui n'était peut-être pas dans la tradition de Pythagore, mettons la doctrine du temps cyclique, et si on l'interrompait en disant « cela n'est pas dans la tradition », il répondait *magister dixit* ce qui lui permettait d'innover. Pythagore pensait que les livres étaient des entraves ou, pour reprendre les mots de l'Ecriture, que la lettre tue et que l'esprit vivifie.

Spengler signale dans *le Déclin de l'Occident*, au chapitre consacré à la culture magique, que le prototype du livre magique est le Coran. Pour les ulémas, docteurs de la loi musulmane, le Coran n'est pas un livre comme les autres. Aussi incroyable que cela nous paraisse, c'est un livre antérieur

115

à la langue arabe ; on ne peut l'étudier ni historiquement ni philologiquement car il est antérieur
aux Arabes, antérieur à la langue dans laquelle il
est écrit et antérieur à l'univers. Il n'est même pas
admis que le Coran soit l'œuvre de Dieu ; c'est
quelque chose de plus intime et de plus mystérieux. Pour les musulmans orthodoxes le Coran est
un attribut de Dieu, comme Sa colère, Sa miséricorde ou Sa justice. Dans le Coran même, il est
question d'un livre mystérieux, la mère du livre,
qui est l'archétype céleste du Coran, qui est dans le
ciel et que vénèrent les anges.

Telle est la notion d'un livre sacré, totalement
différente de celle d'un livre classique. Dans un
livre sacré sont sacrés non seulement les mots mais
aussi les lettres qui les composent. Les kabbalistes
appliquèrent ce concept à l'étude de l'Ecriture
sainte. Je les soupçonne d'avoir utilisé ce *modus
operandi* dans le but d'incorporer des pensées
gnostiques à la mystique juive, pour se justifier par
l'Ecriture, pour être orthodoxes. Quoi qu'il en soit,
nous pouvons voir très rapidement (mais je me
sens à peine le droit de parler de ces choses) quel
est ou plutôt quel fut le *modus operandi* des kabbalistes qui commencèrent à exercer leur science
étrange dans le sud de la France, dans le nord de
l'Espagne — en Catalogne, puis en Italie, en Allemagne puis un peu partout. On trouve également
leur présence en Israël bien que leur origine ne
vienne pas de là mais plutôt des penseurs gnostiques et cathares.

L'idée de la Kabbale est la suivante : le Pentateuque, la Torah, est un livre sacré. Une intelligence infinie a condescendu à accomplir la tâche
humaine de rédiger un livre. L'Esprit saint a
condescendu à la littérature, ce qui est aussi incroyable que de croire que Dieu a condescendu à

se faire homme. Mais en l'occurrence la condescendance s'est exercée de façon plus intime : l'Esprit saint a condescendu à la littérature et a écrit un livre. Dans ce livre, rien ne peut être fortuit. Dans toute écriture humaine il y a quelque chose de fortuit.

On sait de quelle vénération superstitieuse on entoure le *Quichotte, Macbeth* ou *la Chanson de Roland,* comme tant d'autres livres d'ailleurs. Chaque pays, en principe, a son livre vénéré, sauf en France où la littérature est si riche qu'elle admet au moins deux traditions classiques ; mais laissons cela.

Si un lecteur de Cervantès imaginait de dire : le *Quichotte* commence par deux mots monosyllabiques terminés en *n* (*en* et *un*) et continue par un mot de cinq lettres *(lugar),* puis par deux mots de deux lettres *(de la)* et par un autre de cinq ou de six lettres *(Mancha)* et si ce lecteur se mettait à en tirer des conclusions, on penserait aussitôt qu'il est fou. La Bible a été étudiée de cette manière.

On explique par exemple qu'elle commence par la lettre *beith,* initiale de *Bereshit.* Pourquoi lit-on « au commencement, créa dieux les cieux et la terre », le verbe étant au singulier et le sujet au pluriel ? Pourquoi la Bible commence-t-elle par la lettre *beith* ? Parce que cette lettre initiale, en hébreu, doit dire la même chose que le *b* — l'initiale de *bénédiction* — et que le texte ne pouvait commencer par une lettre qui correspondît à une malédiction ; il devait commencer par une bénédiction. *Beith* : initiale hébraïque de *braja* qui signifie *bénédiction.*

Il y a une autre circonstance, très curieuse, qui a dû influencer la Kabbale : Dieu, dont les paroles furent l'instrument de son œuvre (comme dit le grand écrivain Saavedra Fajardo), créa le monde grâce à des mots ; Dieu dit que la lumière soit et la lumière fut. On en vint donc à la conclusion que le monde fut créé par le mot *lumière* ou par l'intonation avec laquelle Dieu prononça le mot *lumière*. S'il eût dit un autre mot avec une autre intonation, le résultat n'aurait pas été la lumière, il aurait été différent.

Nous en arrivons à quelque chose d'aussi incroyable que tout ce que je vous ai dit jusqu'à présent. A quelque chose qui ne peut que choquer notre mentalité occidentale (la mienne en tout cas), mais que j'ai le devoir de vous exposer. Quand nous pensons aux mots, nous pensons chronologiquement que les mots furent d'abord un son puis qu'ils devinrent des lettres. On suppose par contre dans la Kabbale (qui veut dire *réception, tradition*) que les lettres sont antérieures ; que les lettres furent les instruments de Dieu et non les mots que signifiaient les lettres. C'est comme si on pensait que l'écriture, contre toute expérience, fut antérieure à la diction des mots. Aussi rien n'est-il fortuit dans l'Ecriture : tout ne peut être que déterminé. Par exemple, le nombre des lettres de chaque verset.

On invente ensuite des équivalences entre les lettres. On traite l'Ecriture comme s'il s'agissait d'une écriture chiffrée, cryptographique, et on invente diverses règles pour la lire. On peut en prenant chaque lettre de l'Ecriture voir que cette lettre est l'initiale d'un autre mot et lire le sens de cet autre mot. Et ainsi de suite pour chacune des lettres du texte.

On peut aussi composer deux alphabets superposés : l'un qui va par exemple de l'*a* à l'*l* et l'autre de l'*m* au *z* ou aux lettres hébraïques correspondantes ; on considère que les lettres du haut équivalent à celles du bas. On peut aussi lire le texte *boustrophedon*, pour employer le mot grec, c'est-à-dire de droite à gauche. On peut également attribuer aux lettres une valeur numérique. Tout cela forme une cryptographie, tout cela peut être déchiffré et les résultats sont à prendre en considération puisqu'ils ont dû être prévus par l'intelligence de Dieu qui est infinie. Ainsi, grâce à ce déchiffrage, grâce à ce travail qui rappelle celui du *Scarabée d'or* d'Egar Poe, on parvient à la Doctrine.

Je soupçonne celle-ci d'avoir été antérieure à ce *modus operandi*. Je soupçonne qu'il s'est passé avec la Kabbale ce qui s'est passé avec la philosophie de Spinoza : l'ordre géométrique ne l'a pas précédée mais suivie. Je soupçonne les kabbalistes d'avoir été influencés par les gnostiques et pour que tout découle de la tradition hébraïque, d'avoir imaginé cette étrange façon de déchiffrer des lettres.

Ce curieux *modus operandi* des kabbalistes se fonde sur une prémisse logique : l'idée que l'Ecriture est un texte absolu, or dans un texte absolu rien ne peut être le fruit du hasard.

Il n'y a pas de textes absolus ; les textes humains, en tout cas, ne le sont pas. Dans un texte en prose, on fait surtout attention au sens des mots ; dans la poésie, à leur musique. Dans un texte rédigé par une intelligence infinie, dans un texte rédigé par l'Esprit saint, comment supposer une faiblesse, une lacune ? Tout doit être fatal. De cette fatalité les kabbalistes ont tiré leur système.

Si l'Ecriture sainte n'est pas une écriture infinie, en quoi se différencie-t-elle de tant d'écritures humaines, en quoi le Livre des Rois diffère-t-il d'un livre d'histoire, le Cantique des cantiques d'un poème ? Il faut croire que tous ces textes ont une infinité de sens. Scot Erigène a dit que la Bible avait une infinité de sens, qu'elle était comme le plumage chatoyant d'un paon.

On pense aussi que l'Ecriture peut avoir quatre sens. Ce système pourrait s'énoncer ainsi : au commencement il y a un Etre analogue au Dieu de Spinoza, sauf que le Dieu de Spinoza est infiniment riche alors que l'*En soph* nous semblerait infiniment pauvre. Il s'agit d'un Etre primordial mais nous ne pouvons dire de lui qu'il existe car si nous disons cela alors les étoiles aussi existent, et les hommes, et les fourmis. Tout cela peut-il participer de cette même catégorie ? Non, cet Etre primordial n'existe pas. Nous ne pouvons pas non plus dire de lui qu'il pense car penser c'est suivre un processus logique, passer d'une prémisse à une conclusion. Nous ne pouvons pas non plus dire qu'il aime car aimer c'est sentir qu'il nous manque quelque chose. Ni qu'il agit. L'*En soph* n'agit pas car agir c'est se proposer une fin et l'obtenir. De plus, si l'*En soph* est infini (divers kabbalistes le comparent à la mer, symbole de l'infini), comment peut-il vouloir *autre chose* ? Et quelle autre chose pourrait-il créer sinon un autre Etre infini qui se confondrait avec lui-même ? Comme la création du monde est malheureusement nécessaire, nous avons dix émanations, les Sephiroth, qui jaillissent de Lui mais qui ne lui sont pas postérieures.

Cette idée d'Etre éternel doté depuis toujours de ces dix émanations est difficilement compréhensible. Ces dix émanations émanent l'une de l'autre. Le texte nous dit qu'elles correspondent aux doigts de la main. La première émanation s'appelle la Couronne et elle est comparable à un rayon de lumière qui surgirait de l'*En soph*, un rayon de lumière qui ne diminue pas cet être illimité qu'on ne peut diminuer. De la Couronne surgit une autre émanation, de celle-ci une autre, de cette autre une autre encore et ainsi jusqu'à dix. Chaque émanation est tripartite. Une des trois parties est celle par laquelle l'émanation est en communication avec l'Etre supérieur ; une autre, au centre, est la partie essentielle ; la troisième, celle qui lui sert à communiquer avec l'émanation inférieure.

Ces dix émanations forment un homme qu'on appelle l'Adam Kadmon, l'Homme Archétype. Cet homme est au ciel et nous sommes son reflet. Cet homme, de ces dix émanations, fait émaner un monde, puis un autre, jusqu'à quatre. Le troisième est notre monde matériel et le quatrième est le monde infernal. Tous sont inclus dans l'Adam Kadmon qui comprend l'homme et tout ce qui compose son microcosme.

Il ne s'agit pas là d'une pièce de musée de l'histoire de la philosophie ; je crois que ce système a son utilité : il peut nous servir à penser, à essayer de comprendre l'univers. Les gnostiques précédèrent les kabbalistes de plusieurs siècles ; leur système, qui postule un Dieu indéterminé, est assez semblable. De ce Dieu qui s'appelle *Pleroma* (la Plénitude) émane un autre Dieu (selon la version perverse d'Irénée), de ce Dieu sort une autre émanation, de celle-ci une autre, puis une autre et chacune d'elles constitue un ciel (toutes ces émanations forment une tour). On arrive au nombre de trois cent soixante-cinq car l'astrologie intervient. Quand on arrive à la dernière émanation, celle où la part de Divinité tend vers le zéro, on se trouve devant le Dieu qui s'appelle Jéhovah et qui crée le monde où nous vivons.

Pourquoi crée-t-il ce monde entaché de tant d'imperfections, de tant d'horreurs, de tant de péchés, de tant de douleur physique, de tant de sentiments de culpabilité, de tant de crimes ? C'est parce que la Divinité a été en diminuant et qu'en arrivant à Jéhovah elle ne peut plus créer que ce monde faillible.

Nous retrouvons le même mécanisme dans les dix Sephiroth et les quatre mondes qu'elles créent. Ces dix émanations, à mesure qu'elles s'éloignent de l'*En soph*, de l'illimité, de l'occulte, des *occultes* — comme disent les kabbalistes dans leur langage imagé —, perdent peu à peu de leur force jusqu'à parvenir à l'émanation qui crée ce monde, ce monde où nous vivons, si faillibles, si vulnérables, si fugacement heureux. L'idée n'est pas absurde ; nous sommes confrontés à un problème éternel qui est le problème du mal, traité magnifiquement dans le Livre de Job, l'œuvre majeure de toutes les littératures, au dire de Froude.

Vous vous rappelez l'histoire de Job. L'homme juste persécuté, l'homme qui veut se justifier devant Dieu, l'homme condamné par ses amis, l'homme qui croit s'être justifié et à qui Dieu finit par parler du haut de son tourbillon de nuées. Il lui dit qu'Il est au-delà des mesures humaines. Il se sert de deux curieux exemples, l'éléphant et la baleine, et il dit qu'Il les a créés. Nous devons sentir, observe Max Brod, que l'éléphant, *Béhémoth* (« les animaux ») est si grand que son nom est pluriel et que le *Léviathan* peut représenter deux monstres, la baleine ou le crocodile. Dieu dit qu'Il est aussi incompréhensible que ces monstres et qu'il ne peut être mesuré par les hommes.

Spinoza arrive à une conclusion analogue quand il dit que donner des attributs humains à Dieu c'est comme si un triangle disait que Dieu est éminemment triangulaire. Dire que Dieu est juste ou miséricordieux c'est aussi anthropomorphique que d'affirmer que Dieu a un visage, des yeux ou des mains.

Nous avons donc une Divinité supérieure et des émanations inférieures. « Emanations » semble le mot le plus adéquat pour innocenter Dieu ;

pour que la faute soit, comme dit Schopenhauer, non celle du roi mais celle de ses ministres, pour que ce soient ces émanations qui produisent ce monde.

On a tenté à plusieurs reprises de justifier le mal. Il y a eu d'abord la justification classique des théologiens déclarant que le mal est négatif et que dire « le mal » c'est dire simplement « absence du bien » ; ce qui, pour tout homme sensible, est manifestement faux. Une douleur physique est aussi violemment ressentie qu'un plaisir. Le malheur n'est pas l'absence de bonheur, c'est quelque chose de positif ; quand nous sommes malheureux nous nous sentons réellement victimes d'un malheur.

Leibniz a un raisonnement très élégant mais très faux pour défendre l'existence du mal. Il imagine deux bibliothèques. La première est constituée par mille exemplaires de *l'Enéide*, livre supposé parfait et qui l'est peut-être. L'autre contient mille livres d'intérêt divers et parmi lesquels il y a *l'Enéide*. Laquelle des deux bibliothèques est supérieure ? La seconde, évidemment. Leibniz en tire la conclusion que le mal est nécessaire à la variété du monde.

On peut aussi prendre l'exemple d'un tableau, d'un beau tableau, disons de Rembrandt. La toile comporte des coins d'ombre qui peuvent correspondre au mal. Leibniz semble oublier, quand il prend l'exemple du tableau ou celui des livres, que le fait qu'*il y ait* des mauvais livres dans une bibliothèque est une chose et qu'*être* ces livres en est une autre. Si nous *sommes* l'un de ces livres, nous sommes condamnés à l'enfer.

Tout le monde n'a pas l'extase de Kierkegaard — et je ne sais s'il l'eut toujours — qui a dit que s'il était nécessaire à la variété du monde qu'il y eût une âme en enfer et que cette âme fût la sienne, il chanterait du fond de l'enfer les louanges du Tout-Puissant.

Je ne sais pas s'il est facile d'éprouver un tel sentiment ; je ne sais pas si après quelques minutes d'enfer Kierkegaard aurait continué à penser de même. Mais l'idée, comme vous pouvez le constater, recouvre un problème essentiel, celui de l'existence du mal, que les gnostiques et les kabbalistes résolvent de la même façon.

Ils le résolvent en disant que l'univers est l'œuvre d'une divinité déficiente, dont la fraction de divinité tend vers zéro. C'est-à-dire d'un Dieu qui n'est pas *le* Dieu. D'un Dieu qui descend lointainement de Dieu. Je ne sais si notre esprit peut penser avec des mots aussi vastes et aussi vagues que Dieu, que Divinité, ou avec la doctrine de Basilides et les trois cent soixante-cinq émanations des gnostiques. Nous pouvons cependant accepter l'idée d'une divinité déficiente, d'une divinité qui doit créer notre monde à partir d'un matériau adverse. On rejoindrait ainsi Bernard Shaw qui a dit : *God is in the making*, « Dieu est en train de se faire ». Dieu est quelque chose qui n'appartient pas au passé et qui n'appartient peut-être pas au présent ; c'est l'Eternité. Dieu est quelque chose qui est peut-être futur : si nous sommes généreux, si nous sommes intelligents aussi, si nous sommes lucides, nous aiderons à la construction de Dieu.

Dans *le Feu impérissable* de Wells, le sujet est le même que celui du Livre de Job et le héros ressemble à ce dernier. Le personnage, quand il est sous anesthésie, rêve qu'il entre dans un laboratoire. L'installation est pauvre et un vieil homme travaille là. Le vieil homme c'est Dieu ; il semble plutôt irrité. « Je fais tout ce que je peux, lui dit-il, mais il me faut vraiment lutter avec un matériau très ingrat. » Le mal serait ce matériau rebelle et le bien serait la bonté. Mais le bien, à la longue, serait destiné à triompher et est en train de triompher. Je ne sais si l'on peut croire au progrès ; j'y crois personnellement, du moins dans la forme en spirale imaginée par Goethe : nous avançons et nous reculons mais en fin de compte nous nous améliorons. Comment puis-je parler ainsi à une époque où il y a tant de cruauté ? Mais si aujourd'hui on fait des prisonniers et si on les envoie en prison ou dans des camps de concentration, c'est qu'il s'agit d'ennemis. Au temps d'Alexandre de Macédoine, il était apparemment naturel qu'une armée victorieuse tuât tous les vaincus et qu'une ville prise fût rasée. Peut-être que, sur le plan intellectuel, nous nous améliorons aussi. Une preuve de cela pourrait être ce fait si modeste que nous nous intéressons à ce que pensèrent les kabbalistes. Nous avons l'esprit ouvert et nous sommes prêts à examiner non seulement l'intelligence des autres mais aussi la stupidité des autres, les superstitions des autres. La Kabbale n'est pas seulement un objet de musée, elle est une sorte de métaphore de la pensée.

Je voudrais maintenant parler d'un des mythes, d'une des légendes les plus curieuses de la Kabbale. La légende du golem qui inspira le célèbre roman de Meyrink lequel m'inspira un poème. Dieu prend une motte de terre (Adam veut dire terre rouge), il lui insuffle la vie et crée Adam qui, pour les kabbalistes, serait le premier golem. Il a été créé par la parole divine, par un souffle de vie ; et comme il est dit dans la Kabbale que le nom de Dieu c'est tout le Pentateuque mais que les lettres sont mélangées, si quelqu'un donc connaissait le nom de Dieu ou si quelqu'un parvenait au *Tetra-gramaton* — le nom en quatre lettres de Dieu — et savait le prononcer correctement, il pourrait créer un monde et il pourrait aussi créer un golem, un homme.

Les légendes du golem ont été magnifiquement exploitées par Gershom Scholem dans son livre *la Kabbale et sa symbolique* que je viens de lire. Je crois que c'est le livre le plus clair sur ce sujet car j'ai vérifié qu'il est presque inutile de chercher des sources originales. J'ai lu la belle et, me semble-t-il, exacte traduction (évidemment, j'ignore l'hébreu) du *Sefer Jezira* ou *Livre de la Création*, qu'a faite Léon Dujovne. J'ai lu une version du *Zohar* ou *Livre de la Splendeur*. Mais ces livres n'ont pas été écrits pour enseigner la Kabbale sinon pour en suggérer l'idée ; pour qu'un étudiant de la Kabbale puisse les lire et s'en trouve réconforté. Ils ne disent pas toute la vérité : comme les traités publiés sans l'être d'Aristote.

Revenons au golem. On suppose que si un rabbin apprend ou parvient à découvrir le nom secret de Dieu et le prononce sur une forme humaine faite de glaise, celle-ci s'anime et on l'appelle Golem. Dans une des versions de la légende, on inscrit sur le front du golem le mot EMETH qui signifie vérité. Le golem grandit. Vient un jour où il est si grand que son maître ne peut plus l'atteindre au front. Il lui demande de lui attacher ses souliers. Le golem se penche, le rabbin souffle et parvient à effacer l'aleph ou première lettre de EMETH. Il reste METH, la mort. Le golem se transforme en poussière.

Une autre légende parle d'un rabbin ou de plusieurs rabbins, des mages, qui créent un golem et l'envoient à un autre maître qui serait capable d'en créer un lui-même mais qui a dépassé ce genre de vanité. Ce maître parle au golem et ce dernier ne lui répond pas car il ne sait ni parler ni concevoir quoi que ce soit. Le maître s'écrie alors : « Tu es

une création des mages ; retourne à ta poussière. »
Le golem tombe en poussière.

Je terminerai par une autre légende que raconte
Scholem. Plusieurs disciples (un homme ne peut
en effet étudier et comprendre seul le *Livre de la
Création*) parviennent à créer un golem. Celui-ci
naît avec un poignard entre les mains et il demande
à ses créateurs de le tuer « car si je vis, dit-il, je
peux être adoré comme une idole ». Pour Israël,
comme pour le protestantisme, l'idolâtrie est l'un
des plus grands péchés. On tue donc le golem.

J'ai évoqué quelques légendes mais je voudrais
revenir à ce que je vous disais en commençant, à
cette doctrine qui, je pense, mérite notre attention
et qui veut qu'en chacun de nous existe une parcelle de divinité. Il est évident que ce monde ne
peut être l'œuvre d'un Dieu tout-puissant et juste
mais qu'il dépend de nous-mêmes. Tel est l'enseignement que nous laisse la Kabbale outre le fait
qu'elle est un objet de curiosité pour les historiens
et pour les grammairiens. La Kabbale, tout comme
le grand poème de Victor Hugo, *Ce que dit la
bouche d'ombre*, enseigne ce que les Grecs appelè-
rent l'*apokatastasis*, la doctrine selon laquelle, au
bout de longues transmigrations, toutes les créatures, y compris Caïn et le Démon, reviendront se
fondre dans la divinité d'où un jour elles émergè-
rent.

Cécité

Au cours de mes nombreuses — trop nombreuses — conférences, j'ai remarqué qu'on préférait le particulier au général, le concret à l'abstrait. Je parlerai donc, pour commencer, de ma modeste cécité personnelle. Modeste, je le dis tout de suite, car c'est une cécité totale d'un œil mais partielle de l'autre. Je peux encore discerner quelques couleurs, je peux encore distinguer le vert et le bleu. Il y a une couleur qui ne m'a pas été infidèle, c'est le jaune. Je me souviens qu'enfant (si ma sœur est là, elle s'en souviendra elle aussi) je m'attardais devant certaines cages du Jardin zoologique de Palermo et c'étaient celle du tigre et celle du léopard. Je m'attardais devant l'or et le noir du tigre ; aujourd'hui encore, le jaune me tient compagnie. J'ai écrit un poème qui s'intitule « L'or des tigres » où j'évoque cette amitié.

Passons à un fait qu'on ignore habituellement et dont je ne sais s'il est d'application générale. Les gens imaginent l'aveugle enfermé dans un monde de noir total. Un vers de Shakespeare justifie cette opinion : *Looking on darkness which the blind do see*, « Regardant l'obscurité que voient les aveugles ». Si par obscurité on entend le noir total, ce vers de Shakespeare est inexact.

128

Une des couleurs que les aveugles (du moins celui qui vous parle) regrettent de ne plus voir, c'est le noir ; il en va de même du rouge. « Le rouge et le noir »[1] sont les couleurs qui nous manquent. Moi qui avais l'habitude de dormir dans l'obscurité complète, j'ai été longtemps gêné de devoir dormir dans ce monde de brouillard, de brouillard verdâtre ou bleuâtre et vaguement lumineux qui est le monde de l'aveugle. J'aurais aimé me reposer sur l'obscurité, prendre appui sur elle. Je vois le rouge comme une sorte de marron. Le monde de l'aveugle n'est pas la nuit qu'on suppose. Je parle, du moins, en mon nom et au nom de mon père et de ma grand-mère qui moururent aveugles ; aveugles, souriants et courageux, comme j'espère moi aussi mourir. On hérite de bien des choses (de la cécité par exemple) mais on n'hérite pas du courage. Je sais qu'ils furent courageux.

L'aveugle vit dans un monde assez incommode, un monde imprécis duquel émergent quelques couleurs : dans mon cas, encore le jaune, encore le bleu (mais ce bleu peut être du vert), encore le vert (mais ce vert peut être du bleu) Le blanc a disparu ou se confond avec le gris. Quant au rouge, il a complètement disparu mais j'espère qu'un jour — je suis un traitement — il y aura une amélioration et que je pourrai voir cette grande couleur, cette couleur qui resplendit dans la poésie et qui a de si beaux noms dans tant de langues. Pensons à *scharlach*, en allemand, à *scarlet*, en anglais, *escarlata*, en espagnol, *écarlate*, en français. Mots qui tous semblent dignes de cette grande couleur. Le jaune par contre est le terne *amarillo*, en espagnol ; *yellow*, en anglais, qui ressemble tellement à *ama-*

1. En français dans le texte.

rillo ; je crois qu'en vieil espagnol on disait *ama-riello*.

Je vis dans ce monde de couleurs et je voudrais dire, en premier lieu, que si j'ai parlé de ma modeste cécité personnelle, c'est parce qu'elle n'est pas cette cécité parfaite à laquelle pensent les gens et, en second lieu, parce qu'il s'agit de moi. Mon cas n'est pas particulièrement dramatique. Dramatique est le cas de ceux qui perdent la vue brusquement : il s'agit alors d'une fulmination, d'une éclipse ; mais en ce qui me concerne, ce lent crépuscule (cette lente perte de la vue) a commencé quand j'ai commencé à voir. Il s'est développé depuis 1899 sans moments dramatiques, c'est un lent crépuscule qui a duré plus d'un demi-siècle.

*

Pour les besoins de cette conférence, il me faut chercher un moment pathétique. Prenons celui où j'ai su que j'avais désormais perdu la vue, ma vue de lecteur et d'écrivain. Pourquoi ne pas fixer la date, si digne d'être retenue, de 1955 ? Je ne fais pas allusion aux pluies épiques de septembre mais à une circonstance personnelle.

J'ai reçu dans ma vie beaucoup d'honneurs immérités mais l'un d'eux m'a réjoui plus que tous les autres : la direction de la Bibliothèque nationale. Pour des raisons moins littéraires que politiques, j'avais été désigné par le gouvernement de la Révolution libératrice.

J'ai donc été nommé directeur de la Bibliothèque nationale et je suis retourné dans cette maison de la rue Mexico, du quartier de Monserrat, dans le Sud, dont j'avais gardé tant de souvenirs. Jamais je n'avais rêvé à la possibilité d'être un jour directeur de cette Bibliothèque. Mes souvenirs étaient d'un autre ordre. J'y allais avec mon père, le soir. Mon père, qui était professeur de psychologie, demandait quelque ouvrage de Bergson ou de William James, ses auteurs préférés, ou de Gustav Spiller. Moi, trop timide pour demander un livre, je prenais un volume de l'*Encyclopaedia britannica* ou des encyclopédies allemandes de Brockhaus et de Meyer. Je choisissais un volume au hasard, je le sortais des rayons latéraux et je lisais.

Je me souviens d'un soir où je fus comblé car j'avais lu trois articles : un sur les druides, un sur les Druses et un sur Dryden, un cadeau des lettres *dr*. D'autres soirs j'avais moins de chance. Je savais aussi que Groussac était dans la maison ; j'aurais pu le rencontrer personnellement mais j'étais alors bien trop timide : presque aussi timide que maintenant. Je croyais alors que la timidité était une chose très importante mais je sais maintenant qu'elle est un des maux qu'on doit essayer de surmonter et que la grande timidité, comme tant d'autres choses, ne mérite pas l'importance qu'on lui accorde.

J'obtins ma nomination à la fin de 1955 ; je pris mes fonctions, m'enquis du nombre des volumes et l'on me dit qu'il y en avait un million. Je constatai ensuite qu'il y en avait neuf cent mille, chiffre plus que suffisant. (Peut-être que neuf cent mille paraît plus grand qu'un million : *neuf cent mille*, par contre, un million, c'est tout de suite dit.)

Peu à peu je compris l'étrange ironie des faits. J'avais toujours imaginé le Paradis sous la forme d'une bibliothèque. D'autres pensent à un jardin ou peut-être à un palais. J'étais donc là. Pour ainsi dire au centre de neuf cent mille volumes en diverses langues. Je constatai que je pouvais à peine discerner les titres et les dos des volumes. J'écrivis alors le *Poème des dons* qui commence ainsi :

« Que personne n'aille rabaisser à larmes ou repro-
ches / Ce coup de maître du Destin / Qui dans son
ironie superbe / M'a donné à la fois des livres et la
nuit. » Ces deux dons qui se contredisent : des
livres à profusion et la nuit, l'incapacité de les lire.

J'imaginai que l'auteur de ce poème était Groussac, car il fut lui aussi directeur de la Bibliothèque
nationale et lui aussi aveugle. Il fut plus courageux
que moi : il garda le silence. Mais je pensai qu'il y
avait sans doute dans nos vies des coïncidences
puisque tous deux nous étions devenus aveugles et
que tous deux nous aimions les livres. Il avait
honoré la littérature d'ouvrages bien supérieurs
aux miens. Mais, après tout, nous étions deux
hommes de lettres à parcourir cette Bibliothèque
de livres interdits. On pourrait presque dire, pour
nos yeux aveugles, de livres en blanc, de livres
vides. J'écrivis sur l'ironie de Dieu et je finis par
me demander lequel avait écrit ce poème, d'un
« je » pluriel ou d'une seule ombre.

J'ignorais alors qu'un autre directeur de la
Bibliothèque, José Marmól, avait été également
aveugle. Ici apparaît le chiffre trois, pour clore le
sujet. Deux, c'est une simple coïncidence ; trois,
une confirmation. Une confirmation d'ordre ter-
naire, une confirmation divine ou théologique.
Marmól fut directeur de la Bibliothèque nationale
quand elle était rue Venezuela.

Aujourd'hui, on a l'habitude de dire du mal de
Marmól ou de n'en pas parler. Mais n'oublions pas
que lorsque nous disons « le temps de Rosas » nous
ne pensons pas à l'admirable livre de Ramos Mejía
Rosas y su tiempo (Rosas et son temps) ; nous
pensons au temps de Rosas que décrit ce roman
merveilleusement cancanier de José Marmól :
Amalia. Avoir légué à un pays l'image d'une
époque, ce n'est pas une gloire négligeable ; j'aime-

rais en mériter une du même genre. Chaque fois, en effet, que nous disons « le temps de Rosas », nous pensons aux gens de la Mazorca que décrivit Marmól, aux réunions de Palermo ; nous pensons aux conversations entre Soler et l'un des ministres du tyran.

Nous avons donc trois personnes qui eurent un destin identique. Et la joie de retourner dans le quartier de Monserrat, dans le Sud. Pour tous les Portègnes, le Sud est, de façon secrète, le centre secret de Buenos Aires. Non pas l'autre centre, un peu ostentatoire, que nous montrons aux touristes. (A cette époque-là n'existait pas cette vogue pour le quartier de San Telmo.) Le quartier Sud était en quelque sorte le modeste centre secret de Buenos Aires.

Si je pense à cette ville, je pense à celle que j'ai connue étant enfant : avec ses maisons basses, ses cours intérieures, ses puits où vivait une tortue, ses fenêtres grillagées, ce Buenos Aires qui autrefois était tout Buenos Aires. Maintenant il n'existe plus que dans le quartier Sud ; je sentis donc que je revenais dans le quartier de mes ancêtres. Quand j'eus constaté que les livres étaient là et que je devais demander à mes amis de m'en lire les titres, je me rappelai une phrase de Rudolf Steiner dans son ouvrage sur l'anthroposophie (c'est le nom qu'il a donné à la théosophie). Il dit que lorsqu'une chose s'achève, nous devons penser qu'une autre commence. Le conseil est salutaire mais il est d'application difficile car nous savons ce que nous perdons et non ce que nous allons gagner. Nous gardons une image très précise, une image parfois déchirante de ce que nous avons perdu mais nous ignorons ce qui peut la remplacer ou lui succéder.

Je pris une décision. Je me dis : puisque j'ai perdu le monde aimé des apparences, je dois créer autre chose : je dois créer le futur, ce qui succédera au monde visible qu'en fait j'ai perdu. Je me souvins de certains livres que j'avais à la maison. J'étais professeur de littérature anglaise à notre Université. Que pouvais-je faire pour enseigner cette littérature presque infinie, cette littérature qui, sans aucun doute, dépasse les limites de la vie d'un homme et des générations ? Que pouvais-je faire en quatre mois argentins, avec leurs fêtes chômées et leurs grèves ?

Je fis ce que je pus pour enseigner l'amour de cette littérature et j'évitai, dans la mesure du possible, les dates et les noms. Des élèves qui avaient passé leur examen et qui avaient été reçues, vinrent me voir. (Toutes les élèves passaient leur examen avec moi et je me suis toujours arrangé pour ne recaler personne ; en dix ans je n'ai recalé que trois élèves qui avaient insisté pour être recalées.) Je dis aux petites (elles devaient être neuf ou dix) : « J'ai une idée, maintenant que vous êtes reçues et que j'ai fait mon devoir de professeur. Ne serait-ce pas intéressant d'entreprendre l'étude d'une langue et d'une littérature que nous connaissons à peine ? » Elles me demandèrent quelle était cette langue et quelle était cette littérature. « Naturellement, il s'agit de la langue anglaise et de la littérature anglaise. Nous allons commencer à les étudier, maintenant que nous sommes libérés de la frivolité des examens ; nous allons commencer par les origines. »

Je me souvins qu'il y avait à la maison deux livres que je pus retrouver car je les avais placés sur le rayon le plus élevé pensant que je n'en aurais jamais besoin. C'était l'*Anglo-Saxon Reader* de Sweet et la *Chronique anglo-saxonne*. Les deux ouvrages comportaient un glossaire. Et nous nous réunîmes un matin à la Bibliothèque nationale.

Je me dis : j'ai perdu le monde visible mais je vais maintenant en retrouver un autre, le monde de mes lointains ancêtres, ces tribus, ces hommes qui traversèrent à la rame les mers tumultueuses du Nord et qui partirent du Danemark, d'Allemagne et des Pays-Bas à la conquête de l'Angleterre, qui s'appelle ainsi à cause d'eux, car « Engaland », terre des Angles, s'appelait avant « terre des Bretons », qui étaient des Celtes.

C'était un samedi matin, nous étions réunis dans le bureau de Groussac et nous avons commencé à lire. Il y eut une circonstance qui nous égaya et nous embarrassa mais qui, en même temps, nous remplit d'une certaine fierté. Ce fut le fait que les Saxons, comme les Scandinaves, employaient deux lettres runiques pour rendre les deux sons du *th*, celui de *Thing* et celui de *the*. Cela conférait à la page un air mystérieux. Je fis dessiner ces lettres sur un tableau noir.

Nous nous trouvions donc devant une langue qui nous paraissait différer de l'anglais et ressembler à l'allemand. Il arriva ce qu'il arrive toujours quand on étudie une langue. Chaque mot ressort comme s'il était gravé, comme si c'était un talisman. C'est pourquoi des vers dans une langue étrangère ont un relief qu'ils n'ont pas dans leur propre langue car on entend alors, on voit chacun des mots : on pense à leur beauté, à leur force ou simplement à leur étrangeté. La chance nous sourit ce matin-là. Nous déchiffrâmes la phrase : « Jules César fut le premier des Romains à chercher l'Angleterre. » Retrouver les Romains dans un texte nordique, ce fut une émotion. Je répète que nous ignorions tout de cette langue, que nous lisions à la loupe, que chaque mot était une sorte de talisman récupéré. Nous rencontrâmes deux mots. Ces deux mots nous grisèrent presque ; il est vrai que j'étais vieux et qu'elles étaient jeunes (il semble que ce soient deux âges propices aux ivresses). Je me disais : « Je reviens à la langue que parlaient mes ancêtres il y a cinquante générations ; je reviens à cette langue, je la récupère. Ce n'est pas la première fois que je l'emploie ; quand je portais d'autres noms, j'ai parlé cette langue. » Ces deux mots étaient le nom de Londres, *Lundenburh, Londresburgo* et le nom de Rome, la *Romeburh*, la *Romaburgo* et notre émotion s'accrût en pensant que la lumière de Rome était tombée sur ces îles boréales perdues. Je crois que nous sortîmes dans la rue en criant *Lundenburh, Romeburh*...

Ainsi commença cette étude de l'anglo-saxon à laquelle m'avait amené la cécité. Et maintenant j'ai la mémoire pleine de vers élégiaques, épiques, anglo-saxons.

J'avais remplacé le monde visible par le monde auditif de la langue anglo-saxonne. Puis je passai à cet autre monde, plus riche et postérieur, de la littérature scandinave : je passai aux eddas et aux sagas. Ensuite j'écrivis l'*Essai sur les anciennes littératures germaniques*[1], j'écrivis beaucoup de poèmes basés sur ces thèmes mais surtout je me délectai de ces littératures. Et maintenant, j'ai en préparation un livre sur la littérature scandinave.

Je ne permis pas à la cécité de m'abattre. Mon éditeur me donna, en outre, une excellente nouvelle : il me dit que si je lui remettais trente poèmes par an, il pourrait les publier en livre. Trente poèmes, cela représente une discipline, surtout quand on doit dicter chaque vers ; mais, en même temps, une liberté suffisante, car il est impossible qu'en une année il ne se présente pas trente occasions de poésie. La cécité n'a pas été pour moi un

1. Christian Bourgois.

malheur total, on ne doit pas la considérer de façon pathétique. On doit la considérer comme un mode de vie : c'est un style de vie comme un autre.

Etre aveugle, cela comporte des avantages. Personnellement je dois à l'ombre certains dons : je lui dois l'anglo-saxon, des rudiments d'islandais, la joie de bien des phrases, de bien des vers, de bien des poèmes, et aussi d'avoir écrit un autre livre, intitulé non sans une certaine fausseté, comme par défi, *Eloge de l'ombre*.

Je voudrais maintenant évoquer d'autres cas, des cas illustres. Nous commencerons par ce très évident exemple de l'amitié, de la poésie, de la cécité ; par celui qui a été considéré comme le plus grand des poètes : Homère. (Nous savons qu'il y eut un autre poète grec aveugle, Tamiris, dont l'œuvre s'est perdue, et nous savons cela principalement par ce que Milton, autre illustre aveugle, nous en dit. Tamiris fut battu dans une joute oratoire avec les muses qui cassèrent sa lyre et lui ôtèrent la vue.)

Oscar Wilde a émis une très curieuse hypothèse qui, je crois, ne doit pas être historiquement exacte mais qui est intellectuellement plaisante. Les écrivains, en général, essaient de passer pour profonds ; Wilde était un homme profond qui essayait de passer pour frivole. Il voulait, néanmoins, qu'on le considère comme un causeur spirituel, qu'on pense de lui ce que Platon pensait de la poésie, « cette chose légère, ailée et sacrée ». Eh bien, cette chose légère, ailée et sacrée que fut Oscar Wilde dit que l'Antiquité représenta Homère sous les traits d'un poète aveugle et ce, délibérément.

Nous ne savons pas si Homère a existé. Le fait que sept villes se disputent sa naissance suffit pour nous faire douter de son historicité. Peut-être n'y a-t-il pas eu un seul Homère mais beaucoup de

Grecs que nous cachons sous le nom d'Homère. Les traditions sont unanimes à nous montrer un poète aveugle ; pourtant la poésie d'Homère est visuelle, souvent magnifiquement visuelle, comme le fut, à un degré moindre, bien entendu, la poésie d'Oscar Wilde.

Celui-ci se rendit compte que sa poésie était trop visuelle et il voulut se corriger de ce défaut : il voulut faire de la poésie qui fût également auditive, musicale, comme celle, disons, de Tennyson ou de Verlaine, ces deux poètes qu'il aimait et admirait tant. Wilde se dit : « Les Grecs ont soutenu qu'Homère était aveugle pour faire entendre que la poésie ne doit pas être visuelle mais auditive. » D'où le *de la musique avant toute chose* de Verlaine, d'où le symbolisme contemporain de Wilde.

Peut-être qu'Homère n'exista pas mais que les Grecs aimèrent l'imaginer aveugle pour insister sur le fait que la poésie est avant tout musique, que la poésie c'est avant tout la lyre et que l'élément visuel peut exister ou ne pas exister chez un poète. Je sais qu'il y a de grands poètes visuels et d'autres qui ne le sont pas : des poètes intellectuels, cérébraux, inutile de citer des noms.

Passons à l'exemple de Milton. Sa cécité fut volontaire. Il sut au départ qu'il allait être un grand poète. D'autres poètes eurent la même intuition. Coleridge et De Quincey, avant d'avoir écrit un seul vers, savaient que leur destin serait littéraire ; moi aussi, si je puis parler de moi. J'ai toujours senti que mon destin était, avant tout, un destin littéraire ; c'est-à-dire qu'il m'arriverait quelques bonnes choses et beaucoup de mauvaises. Mais j'ai toujours su que tout, à la longue, se convertirait en mots, surtout les mauvaises choses, car le bonheur n'a pas besoin d'être transmué : le bonheur est une fin en soi.

Revenons à Milton. Il s'abîma la vue à écrire des brochures en défense de l'exécution du roi par le Parlement. Il dit qu'il perdit volontairement la vue pour défendre la liberté ; il parle de cette noble tâche et ne se plaint pas d'être aveugle : il pense qu'il a sacrifié volontairement sa vue et il se rappelle son premier désir, celui d'être poète. On a découvert à l'université de Cambridge un manuscrit contenant de nombreux thèmes que Milton avait envisagés dans sa jeunesse pour la composition d'un grand poème.

« Je voudrais léguer aux générations futures quelque chose qu'elles ne puissent facilement oublier », déclara-t-il. Il avait déjà noté dix ou quinze thèmes parmi lesquels il en est un qu'il écrivit sans savoir qu'il le faisait de façon prophétique. C'est le thème de Samson. Milton ne savait pas alors que son destin serait en quelque sorte le même que celui de Samson, qui tout comme il annonçait le Christ dans l'Ancien Testament, lui annonçait à lui-même son destin d'une manière plus précise. Quand il constata qu'il était devenu aveugle, Milton entreprit deux œuvres historiques ; une *Histoire de la Moscovie* et une *Histoire d'Angleterre* qui demeurèrent inachevées. Puis le long poème du *Paradis perdu*. Il avait cherché un thème qui pût intéresser tous les hommes et pas seulement les Anglais. Ce fut le thème d'Adam, notre père à tous.

Milton passait dans la solitude une bonne partie de son temps, il composait des vers et sa mémoire s'était développée. Il pouvait garder en tête quarante ou cinquante endécasyllabes qu'il dictait ensuite aux gens qui venaient lui rendre visite. C'est ainsi qu'il composa son poème. Il se rappela et médita le destin de Samson, si semblable au sien maintenant que Cromwell était mort et que l'heure de la Restauration avait sonné. Milton fut poursuivi et il aurait dû être condamné à mort pour avoir justifié l'exécution du roi. Mais Charles II — fils de Charles Ier « l'Exécuté » —, quand on lui apporta la liste des condamnés à mort, prit la plume qu'on lui tendait et dit, non sans noblesse : « Quelque chose dans ma main droite se refuse à signer un arrêt de mort. » Milton fut sauvé ainsi que bien d'autres.

Il écrivit alors *Samson Agonistes*. Il voulut faire une tragédie grecque. L'action se déroule en un jour, le dernier jour de Samson, et Milton fut frappé par la ressemblance de leurs destins puisqu'il avait été, comme Samson, l'homme fort finalement vaincu. Il était aveugle. Et il écrivit ces vers qu'on ponctue, selon Landor, toujours mal et qui en réalité devraient se lire ainsi : *Eyless, in Gaza, at the mill, with the slaves* : « Aveugle, à Gaza (Gaza est une ville des Philistins, une ville ennemie), à la roue du moulin, avec les esclaves ». C'est comme si les malheurs s'accumulaient l'un après l'autre sur Samson.

Un sonnet de Milton parle de sa cécité. Il y a un vers qui est manifestement écrit par un aveugle. Quand il doit décrire le monde, Milton dit : *In this dark world and wide*, « Dans cet obscur et vaste monde », qui est précisément le monde des aveugles quand ils sont seuls et qu'ils marchent en cherchant un appui de leurs mains tendues. Nous avons là l'exemple (bien plus important que le mien) d'un homme qui surmonte sa cécité et qui accomplit sa tâche ; le *Paradis perdu*, le *Paradis reconquis*, *Samson Agonistes*, ses meilleurs sonnets, une partie de l'*Histoire d'Angleterre*, depuis les origines jusqu'à la conquête normande. Tout cela, il le composa en étant aveugle et obligé de le dicter à des visiteurs occasionnels.

Le Bostonien et aristocratique Prescott fut aidé

par sa femme. Un accident, quand il était étudiant à Harvard, lui avait fait perdre un œil et l'avait rendu presque aveugle de l'autre. Il décida de consacrer sa vie à la littérature. Il étudia, il apprit les littératures d'Angleterre, de France, d'Italie, d'Espagne. L'Espagne impériale lui fit trouver son véritable univers, celui qui convenait à son inflexible refus des jours républicains. D'érudit, il devint écrivain et il dicta à sa femme, qui était sa lectrice, l'histoire de la conquête du Mexique et du Pérou, du règne des Rois Catholiques et de Philippe II. Ce fut une tâche heureuse, presque parfaite, qui lui prit plus de vingt années.

Il y a deux exemples qui sont plus près de nous. J'en ai déjà mentionné un : l'exemple de Groussac. Cet homme a été injustement oublié. Les gens voient maintenant en lui un Français, un intrus dans notre pays. On dit que son œuvre historique est dépassée, qu'on dispose aujourd'hui d'une meilleure documentation. Mais on oublie que Groussac, comme tout écrivain, a écrit deux œuvres : l'une, c'est le thème qu'il s'est proposé ; l'autre, la manière dont il l'a traité. Outre l'œuvre historique et critique qu'il nous a laissée, Groussac a renouvelé la prose espagnole. Alfonso Reyes, le meilleur prosateur de langue espagnole de tous les temps, m'a dit un jour : « Groussac m'a appris comment on doit écrire l'espagnol. » Groussac a surmonté sa cécité et il nous a donné quelques-unes des meilleures pages en prose qu'on ait écrites dans notre pays. J'aime toujours à le rappeler.

Evoquons un autre exemple, plus célèbre que celui de Groussac. Celui de James Joyce chez qui l'œuvre aussi est double. Nous avons ces deux vastes et, disons-le, illisibles romans que sont *Ulysse* et *Finnegans Wake*. Mais ce n'est que la moitié de son œuvre (qui comporte en outre de beaux poèmes et l'admirable *Dedalus*. *Portrait de l'artiste jeune par lui-même*). L'autre moitié, peut-être la plus valable — comme on dit aujourd'hui — consiste dans le fait qu'il prit la presque infinie langue anglaise. Cette langue qui, statistiquement, dépasse toutes les autres et qui offre tant de possibilités à l'écrivain, surtout par ses verbes si concrets, ne lui suffit pas. Joyce, l'Irlandais, se rappela que Dublin avait été fondé par les Vikings danois. Il apprit le norvégien, il écrivit une lettre en norvégien à Ibsen, puis il étudia le grec, le latin... Il apprit toutes les langues et il écrivit dans une langue inventée par lui, une langue qui est difficilement compréhensible mais qui se distingue par une musique étrange. Joyce apporta une musique nouvelle à l'anglais. Et il déclara courageusement (et mensongèrement) : « De toutes les choses qui me sont arrivées, je crois que la moins importante est que je sois devenu aveugle. » Il a laissé une partie de sa vaste œuvre composée dans l'ombre : polissant les phrases dans sa mémoire, travaillant parfois une seule phrase durant tout un jour, pour ensuite l'écrire et la corriger. Tout cela en pleine cécité ou dans des périodes de cécité. De façon analogue, l'impuissance de Boileau, de Swift, de Kant, de Ruskin et de George Moore fut un mélancolique instrument pour la bonne exécution de leur œuvre ; on peut en dire autant de la perversion dont les bénéficiaires, aujourd'hui, veillent eux-mêmes à ce que personne n'ignore leurs noms. Démocrite d'Abdère s'arracha les yeux dans un jardin pour ne pas être distrait par le spectacle de la réalité extérieure ; Origène se castra.

J'ai énuméré assez d'exemples ; certains sont si illustres que j'ai honte d'avoir parlé de mon cas personnel ; mais les gens veulent toujours des confidences et je n'ai aucune raison de leur refuser les miennes. Bien qu'il semble évidemment absurde de mettre mon nom à côté de ceux que j'ai eu l'occasion d'évoquer.

J'ai dit que la cécité était un mode de vie, un mode de vie pas entièrement malheureux. Rappelons-nous ces vers du plus grand des poètes espagnols, Fray Luis de León :

> Je veux vivre avec moi-même,
> Jouir du bien que je dois au ciel,
> Seul, sans témoin,
> Libre d'amour, de jalousie,
> De haine, d'espoir, de souci.

Edgar Allan Poe savait par cœur cette strophe.

Pour moi, vivre sans haine, c'est facile car je n'ai jamais éprouvé ce sentiment. Mais vivre sans amour, je crois que cela nous est à tous impossible, heureusement impossible. Néanmoins ce début : « Je veux vivre avec moi-même, / Jouir du bien que je dois au ciel », si nous admettons que dans ce bien du ciel peut exister l'ombre, alors, qui peut vivre plus avec soi-même, qui peut se mieux connaître, qui peut, selon l'expression socratique, se mieux connaître qu'un aveugle ?

L'écrivain vit, la tâche du poète ne s'accomplit pas selon un horaire déterminé. Personne n'est poète de huit à douze et de deux à six. Un poète ne cesse pas d'être poète, il est constamment assailli par la poésie. Tout comme un peintre est, je le suppose, obsédé par les couleurs et les formes. Ou qu'un musicien sent que l'étrange monde des sons — le monde le plus étrange de l'art — le sollicite toujours, que des mélodies et des dissonances ne cessent de le solliciter. Pour l'œuvre de l'artiste, la cécité n'est pas un irrémédiable malheur : elle peut être un instrument. Fray Luis de León a dédié une de ses plus belles odes à Francisco Salinas, musicien aveugle.

Un écrivain, tout homme, doit voir en ce qui lui arrive un instrument, penser que toutes les choses lui ont été données dans un certain but, surtout s'il s'agit d'un artiste. Tout ce qui lui arrive, y compris les humiliations, les échecs, les malheurs, tout lui a été donné comme une argile, un matériau pour son art ; il doit en tirer profit. C'est pourquoi j'ai parlé dans un poème de l'antique nourriture des héros : l'humiliation, le malheur, la discorde. Ces choses nous ont été données pour que nous les transmutions, pour que nous fassions de la misérable circonstance de notre vie des choses éternelles, ou qui aspirent à l'être.

Si l'aveugle pense ainsi, il est sauvé. La cécité est un don. Je vous ai déjà rebattu les oreilles des dons qu'elle m'a apportés : elle m'a donné l'anglo-saxon, elle m'a donné, en partie, le scandinave, elle m'a fait connaître une littérature médiévale que j'aurais ignorée ; je lui dois d'avoir écrit plusieurs livres, bons ou mauvais, mais qui justifient le moment où ils ont été écrits. En outre, l'aveugle se sent entouré par l'affection de tous. On éprouve toujours de la bienveillance pour un aveugle.

Je voudrais conclure par un vers de Goethe. Mon allemand est déficient mais je crois pouvoir retrouver sans trop d'erreurs les mots suivants : *Alles Nahe werde fern,* « Tout ce qui était proche s'éloigne ». Goethe écrivit cela en pensant au crépuscule du soir. Tout ce qui était proche s'éloigne, c'est exact. A la tombée du jour, les choses les plus proches s'éloignent alors de nos yeux, comme le monde visible s'est éloigné des miens, peut-être à jamais.

Goethe aurait pu se référer non seulement au crépuscule du soir mais à celui de la vie. Toutes les choses peu à peu nous abandonnent. La vieillesse ne peut qu'être la suprême solitude, c'est-à-dire que la suprême solitude c'est la mort... « Tout ce qui était proche s'éloigne », cela peut aussi s'appliquer au lent processus de la cécité dont j'ai voulu vous parler ce soir, et j'ai voulu montrer que ce n'était pas un malheur total, que ce devait être un instrument de plus parmi tous ceux, si étranges, que le destin ou le hasard nous dispensent.

Prologue

Quand l'université de Belgrano m'a proposé de faire cinq conférences, j'ai choisi des thèmes qui m'étaient devenus à la longue consubstantiels. Le premier d'entre eux, le livre, cet instrument sans lequel je ne puis vivre et qui m'est aussi essentiel que des mains ou des yeux. Le deuxième thème, l'immortalité, cette menace ou cette espérance à laquelle ont rêvé tant de générations et sur laquelle se fonde une grande partie de la poésie. Le troisième, Swedenborg, le visionnaire qui écrivit que les morts choisissent l'enfer ou le ciel par libre décision de leur volonté. Le quatrième, le roman policier, ce jouet rigoureux que nous a légué Edgar Poe. Le cinquième, le temps, qui continue à être pour moi le problème fondamental de la métaphysique.

Grâce à mon auditoire, qui m'a accueilli avec indulgence, mes conférences ont eu un succès que je n'espérais pas et qu'elles ne méritaient certainement pas.

Comme la lecture, la conférence demande une collaboration et ceux qui écoutent ne sont pas moins importants que celui qui parle.

Ce livre représente la part personnelle que j'ai prise à ces séances. Je souhaite que le lecteur l'enrichisse comme l'ont enrichie mes auditeurs.

146

Le livre

De tous les instruments de l'homme, le plus étonnant est, sans aucun doute, le livre. Les autres sont des prolongements de son corps. Le microscope et le télescope sont des prolongements de sa vue ; le téléphone un prolongement de sa voix ; nous avons aussi la charrue et l'épée, prolongements de son bras. Mais le livre est autre chose : le livre est un prolongement de sa mémoire et de son imagination.

Dans *César et Cléopâtre* de Bernard Shaw, à propos de la bibliothèque d'Alexandrie, on dit qu'elle est la mémoire de l'humanité. Voilà ce qu'est le livre et encore quelque chose de plus : son imagination. Car notre passé, qu'est-il d'autre qu'une suite de rêves ? Quelle différence peut-il y avoir entre se rappeler des rêves ou se rappeler le passé ? Telle est la fonction que remplit le livre.

J'ai pensé un jour écrire une histoire du livre. Non pas sous son aspect physique. Je ne m'intéresse pas à l'aspect physique des livres (surtout pas aux livres des bibliophiles qui sont habituellement démesurés) mais aux diverses façons dont on a considéré le livre. J'ai été devancé par Spengler, dans son *Déclin de l'Occident*, où il y a de très belles pages sur le livre. En y ajoutant quelques observations personnelles, je pense m'en tenir à ce que dit Spengler.

Les Anciens n'avaient pas notre culte du livre — et cela me surprend ; ils y voyaient un succédané de la parole. Cette phrase qu'on cite toujours : *Scripta manent verba volant*, ne signifie pas que la parole soit éphémère mais que le mot écrit est quelque chose de permanent et de mort. La parole, par contre, a quelque chose d'ailé, de léger ; d'*ailé et de sacré*, comme dit Platon. Curieusement, tous les grands maîtres de l'humanité ont donné un enseignement oral.

Prenons le premier cas : Pythagore. Nous savons qu'il choisit délibérément de ne pas écrire. Et ceci pour ne pas être lié par des mots écrits. Il dut sentir qu'effectivement *la lettre tue et l'esprit vivifie*, comme dira ensuite la Bible. Il dut sentir cela et il ne voulut pas être lié à des mots écrits ; c'est pourquoi Aristote ne parle jamais de Pythagore mais des pythagoriciens. Il nous dit, par exemple, que les pythagoriciens professaient la croyance, le dogme de l'éternel retour que Nietzsche allait découvrir longtemps plus tard. C'est-à-dire l'idée du temps cyclique, qui fut réfutée par saint Augustin dans *la Cité de Dieu*. Saint Augustin dit, en employant une superbe métaphore, que la croix du Christ nous sauve du labyrinthe circulaire des stoïciens. L'idée d'un temps cyclique a été effleurée aussi par Hume, par Blanqui... et par bien d'autres.

Pythagore s'abstint volontairement d'écrire ; il voulait que sa pensée survive, au-delà de sa mort corporelle, dans l'esprit de ses disciples. D'où l'expression que, ne sachant pas le grec, je dirai en latin : *magister dixit* (le maître l'a dit). Cela ne signifiait pas qu'on devait s'en tenir à ce que le maître avait dit ; au contraire, on affirmait ainsi qu'on était libre de développer la pensée initiale du maître.

Nous ne savons pas si Pythagore inventa la doctrine du temps cyclique mais nous savons par contre que ses disciples la professaient. Pythagore meurt corporellement mais eux, par une sorte de transmigration qui lui aurait plu, continuent à penser et à repenser sa pensée et quand on leur reproche de dire quelque chose de nouveau, ils se réfugient dans cette formule : « Le maître l'a dit » *(Magister dixit)*.

Mais nous avons d'autres exemples. Nous avons le grand exemple de Platon quand il dit que les livres sont comme des effigies (il pensait peut-être à des statues ou à des tableaux) qu'on croit vivantes, mais si on les interroge elles ne répondent pas. Alors, pour pallier ce mutisme des livres, il invente le dialogue platonicien. C'est-à-dire qu'il se dédouble en plusieurs personnages : Socrate, Gorgias et les autres. Nous pouvons aussi penser que Platon voulait se consoler de la mort de Socrate en imaginant qu'il continuait à vivre. Devant un problème quelconque, il se disait : qu'aurait pensé Socrate de cela ? Il fut donc en quelque sorte l'immortalité de Socrate qui ne laissa rien d'écrit, et aussi un maître oral.

Du Christ nous savons qu'il écrivit une seule fois quelques mots que le sable se chargea d'effacer. Il n'écrivit rien d'autre, que nous sachions. Le Bouddha lui aussi fut un maître oral ; il nous a laissé des prédications. Puis, nous avons une phrase de saint Anselme : *Mettre un livre entre les mains d'un ignorant est aussi dangereux que de mettre une épée entre les mains d'un enfant*. Voilà l'opinion qu'on avait alors des livres. Dans tout l'Orient existe encore l'idée qu'un livre n'a pas pour mission de révéler les choses ; un livre doit, simplement, nous aider à les découvrir. Malgré mon ignorance de l'hébreu, j'ai un peu étudié la Kabbale et j'ai lu les versions anglaises et allemandes du *Zohar* (le Livre de la Splendeur) et du *Sefer Jezira* (le Livre *Jezira*). Je sais que ces livres n'ont pas été écrits pour être compris mais pour être interprétés, ils doivent stimuler le lecteur à poursuivre une pensée. L'Antiquité classique n'eut pas notre respect du livre, même si nous savons qu'Alexandre le Grand avait sous son oreiller *l'Iliade* et son épée, ses deux armes. Homère était très respecté mais on ne le considérait pas comme un écrivain sacré au sens que nous donnons aujourd'hui à ce mot. On ne pensait pas que *l'Iliade* et *l'Odyssée* fussent des textes sacrés ; c'étaient des livres respectés mais ils pouvaient aussi être attaqués.

Platon put bannir les poètes de sa *République* sans être taxé pour autant d'hérésie. A ces témoignages des Anciens contre le livre nous pouvons en ajouter un autre, très curieux, de Sénèque. Parmi ses admirables lettres à Lucilius, il en est une dirigée contre un individu particulièrement vaniteux dont il dit qu'il avait une bibliothèque de cent volumes ; et qui — se demande Sénèque — peut avoir le temps de lire cent volumes ? Maintenant, par contre, on apprécie les bibliothèques abondantes.

L'Antiquité a donc vis-à-vis du livre une attitude que nous avons du mal à comprendre, qui ne ressemble pas à notre culte du livre. On voit toujours dans ce dernier un succédané de la parole mais ensuite vient de l'Orient un concept nouveau, absolument étranger à l'Antiquité classique : celui du livre sacré. Nous prendrons deux exemples, en commençant par le plus tardif : celui des musulmans. Ceux-ci pensent que le Coran est antérieur à la création, antérieur à la langue arabe ; c'est non pas une œuvre de Dieu mais un de ses attributs, comme sa miséricorde ou sa justice. On y parle, d'une assez étrange façon, de la mère du livre. La mère du livre est un exemplaire du Coran écrit dans le ciel. En somme, l'archétype platonicien du Coran et — dit le Coran — ce livre est écrit dans le ciel, qui est un attribut de Dieu et antérieur à la Création. C'est ce que proclament les ulemas ou docteurs musulmans.

Puis nous avons d'autres exemples qui nous sont plus proches : la Bible ou, plus concrètement, la Torah ou le Pentateuque. On considère que ces livres ont été dictés par l'Esprit saint. Voilà un fait curieux : on attribue des livres de différents auteurs et de différentes époques à un seul esprit ; mais dans la Bible même ne dit-on pas que l'Esprit souffle où il veut ? Les Hébreux eurent l'idée d'assembler diverses œuvres littéraires de diverses époques et d'en faire un seul livre sous le titre de Torah (Bible en grec). Tous ces livres sont attribués à un seul auteur : l'Esprit.

On demanda un jour à Bernard Shaw s'il croyait que l'Esprit saint avait écrit la Bible. Il répondit : *Tout livre qui vaut la peine d'être relu a été écrit par l'Esprit*. Un livre, autrement dit, doit aller au-delà de l'intention de son auteur. L'intention de l'auteur est une pauvre chose humaine faillible, mais dans le livre il doit y avoir plus. Le *Quichotte*, par exemple, est plus qu'une satire des romans de chevalerie. C'est un texte absolu dans lequel rien, absolument rien, n'est dû au hasard.

Pensons aux conséquences de cette idée. Par exemple, si je dis :

Corrientes aguas, puras, cristalinas,
arboles que os estais mirando en ellas
verde prado, de fresca sombra lleno[1],

il est évident que ces trois vers comportent chacun onze syllabes. Cela a été voulu par l'auteur, c'est un choix délibéré.

Mais qu'est-ce que cela comparé à une œuvre écrite par l'Esprit, comparé au concept de la Divinité qui condescend à la littérature et dicte un livre. Dans ce livre rien ne peut être fortuit, tout jusqu'au choix des lettres doit avoir sa raison d'être. On comprend, par exemple, que le début de la Bible : *Bereshit baraelohim* commence par un *B* car cela correspond à *bénir*. Il s'agit d'un livre où rien n'est fortuit, absolument rien. Cela nous mène à la Kabbalc, à l'étude des lettres, à un livre sacré dicté par la Divinité, le contraire donc de ce que pensaient les Anciens. Ceux-ci pensaient à la muse, d'une manière assez vague.

Chante, muse, la colère d'Achille, dit Homère au début de *l'Iliade*. Ici la muse représente l'inspiration. Par contre, si on pense à l'Esprit, on pense à quelque chose de plus concret et de plus fort : à Dieu, qui condescend à la littérature. A Dieu qui écrit un livre ; dans ce livre rien n'est fortuit : ni le nombre des lettres, ni la quantité des syllabes de chaque verset, ni le fait qu'on puisse faire des jeux de mots avec les lettres, qu'on puisse mesurer la valeur numérique des lettres. On a déjà étudié tout cela.

La seconde grande idée qu'on s'est faite du livre est, je le répète, qu'il pouvait être une œuvre divine. Sans doute cette idée est-elle plus proche

1. Eaux vives, pures, cristallines,
   Arbres qui vous mirez en elles,
   Verte prairie, d'ombre fraîche remplie...

de celle que nous nous faisons aujourd'hui du livre que de celle que se faisaient les Anciens qui le considéraient comme un succédané de la parole. Cette croyance en un livre sacré décroît ensuite et est remplacée par d'autres croyances. On se persuade, par exemple, que chaque pays s'identifie à un livre. Rappelons-nous que les musulmans appellent les israélites *les gens du Livre* ; rappelons-nous cette phrase de Henri Heine à propos de cette nation dont la patrie était un livre : *la Bible, les Juifs*. Alors apparaît cette nouvelle idée selon laquelle chaque pays doit être représenté par un livre ; en tout cas par un auteur, qui peut avoir écrit de nombreux ouvrages.

Bizarrement — et je ne crois pas qu'on ait remarqué ce fait jusqu'à présent — les pays ont choisi des individus qui ne leur ressemblent pas beaucoup. On pense par exemple que l'Angleterre aurait pu choisir comme représentant Samuel Johnson ; mais non, l'Angleterre a choisi Shakespeare et Shakespeare est — peut-on dire — le moins anglais des écrivains anglais. Ce qui est typique de l'Angleterre, c'est l'*understatement*, c'est de dire moins que ce qu'on veut dire. Shakespeare au contraire tendait à l'hyperbole dans la métaphore et cela ne nous surprendrait pas qu'il ait été italien ou juif, par exemple.

Il en va de même de l'Allemagne ; ce pays admirable, si facilement fanatique, choisit précisément un homme tolérant, qui n'est pas un fanatique et à qui la notion de patrie importe peu : elle choisit Goethe. L'Allemagne est représentée par Goethe.

En France, on n'a pas choisi un auteur mais on a un penchant pour Hugo. J'ai, bien entendu, une grande admiration pour Hugo mais il n'est pas typiquement français. Hugo est étranger en France ; avec ses grands décors, ses vastes métaphores, il n'est pas représentatif de la France.

Un cas plus curieux encore est celui de l'Espagne. Elle aurait pu être représentée par Lope de Vega, par Calderón, par Quevedo. Eh bien, non ! L'Espagne est représentée par Miguel de Cervantès. Cervantès est contemporain de l'Inquisition mais c'est un homme tolérant qui n'a ni les qualités ni les défauts des Espagnols.

Il semblerait que chaque pays pense qu'il doit être représenté par quelqu'un qui diffère de lui, par quelqu'un qui peut être comme une sorte de remède, une sorte de thériaque, d'antidote contre ses défauts. Nous autres Argentins, nous aurions pu choisir le *Facundo* de Sarmiento, qui est notre livre, mais non ; avec notre histoire militaire, notre histoire de combats, nous avons choisi comme livre la chronique d'un déserteur, nous avons choisi *Martín Fierro* qui, certes, mérite d'être choisi en tant que livre mais comment penser que notre histoire puisse être représentée par un déserteur de la conquête du territoire ? Pourtant, c'est ainsi ; chaque pays semble éprouver ce besoin de compensation.

Tant d'écrivains ont écrit de façon si brillante sur le livre que je voudrais en citer quelques-uns. Je commencerai par Montaigne qui consacre un de ses essais au livre. Dans cet essai il y a une phrase mémorable : *Je ne fais rien sans gaieté*. Montaigne laisse entendre que le concept de lecture obligatoire est un concept erroné. Il dit que s'il rencontre un passage difficile dans un livre, il le laisse car il voit dans la lecture une forme de bonheur.

Je me souviens qu'on fit, il y a bien des années, une enquête sur ce qu'était la peinture. On interrogea ma sœur Norah et elle répondit que la peinture est l'art de donner de la gaieté avec des formes et des couleurs. Je dirais que la littérature est aussi une forme de gaieté. Si nous lisons quelque chose avec difficulté, l'auteur a manqué son but. C'est pourquoi je considère qu'un écrivain comme Joyce a, dans le fond, manqué son but parce que son œuvre réclame un effort.

Un livre ne doit pas réclamer d'effort, le bonheur ne doit pas réclamer d'effort. Je pense que Montaigne a raison. Il énumère ensuite les auteurs qui lui plaisent. Il cite Virgile, il dit préférer les *Géorgiques* à *l'Enéide* ; moi, je préfère *l'Enéide*, mais la question n'est pas là. Montaigne parle des livres avec passion mais il dit que les livres, s'ils sont un bonheur, sont cependant un plaisir nonchalant.

Emerson dit le contraire — c'est à lui qu'on doit l'autre grande étude sur les livres. Dans sa conférence, Emerson dit qu'une bibliothèque est une sorte de cabinet magique. Dans ce cabinet sont tenus enchantés les meilleurs esprits de l'humanité mais ils attendent notre parole pour sortir de leur mutisme. Il faut que nous ouvrions le livre, alors ils se réveillent. Il dit que nous pouvons compter sur la compagnie des hommes les meilleurs que l'humanité ait produits mais que nous ne les recherchons pas et que nous préférons lire des commentaires, des critiques, plutôt que d'aller à eux.

J'ai été pendant vingt ans professeur de littérature anglaise à la faculté de philosophie et de lettres de l'université de Buenos Aires. J'ai toujours dit à mes étudiants d'avoir une bibliographie restreinte, de ne pas lire de critiques, de lire directement les auteurs ; peut-être ne comprendront-ils que peu de chose mais ils auront du moins le plaisir d'entendre la voix de quelqu'un. Je dirais que le plus important chez un auteur c'est le son de sa voix, le plus important dans un livre c'est la voix de l'auteur, cette voix qui parvient jusqu'à nous.

J'ai consacré une partie de ma vie à la littérature et je crois que la lecture est une forme du bonheur ; une autre forme, moindre, du bonheur est la création poétique, ou ce que nous appelons création, qui est un mélange d'oubli et de souvenir de ce que nous avons lu.

Emerson rejoint Montaigne quand il dit que nous ne devons lire que ce qui nous plaît, qu'un livre doit être une forme du bonheur. Nous devons tant à la littérature ! Moi, j'ai plutôt essayé de relire que de lire, je crois qu'il est plus important de relire que de lire, sauf que pour relire il faut avoir lu. J'ai ce culte du livre. Il se peut que je dise cela d'une façon qui peut sembler pathétique et je ne voudrais pas que cela le soit ; je veux que cela soit comme une confidence que je vous fais à chacun d'entre vous ; non pas à tous mais à chacun de vous car tous, c'est une abstraction et chacun de vous, c'est une réalité.

Je continue à faire semblant de n'être pas aveugle, je continue à acheter des livres, à en remplir ma maison. L'autre jour on m'a offert une édition de 1966 de l'*Encyclopédie de Brockhaus*. J'ai senti la présence de cet ouvrage dans ma maison, je l'ai sentie comme une sorte de bonheur. J'avais là près de moi cette vingtaine de volumes en caractères gothiques que je ne peux pas lire, avec des cartes et des gravures que je ne peux pas voir ; mais pourtant l'ouvrage était là. Je sentais comme son attraction amicale. Je pense que le livre est un des bonheurs possibles de l'homme.

On parle de la disparition du livre ; je crois que cela est impossible. Quelle différence, me dira-t-on, peut-il y avoir entre un livre et un journal ou un disque ? La différence est qu'un journal est lu pour l'oubli, un disque s'écoute aussi pour l'oubli, c'est quelque chose de mécanique et par là même de frivole. On lit un livre pour s'en souvenir.

Le concept d'un livre sacré, qu'il s'agisse du Coran, de la Bible ou des Vedas — où il est dit aussi que les Vedas créent le monde — est peut-être dépassé mais le livre conserve encore une certaine sainteté que nous devons tenter de sauvegarder. Prendre un livre et l'ouvrir rend encore possible le fait esthétique. Que sont les mots couchés dans un livre ? Que sont ces symboles morts ? Absolument rien. Qu'est-ce qu'un livre si nous ne l'ouvrons pas ? Un simple cube de papier et de cuir, avec des feuilles ; mais si nous le lisons il se passe quelque chose d'étrange, je crois qu'il change à chaque fois.

Héraclite dit (je l'ai trop souvent répété) qu'on ne se baigne jamais deux fois dans le même fleuve. On ne se baigne jamais deux fois dans le même fleuve parce que ses eaux changent mais le plus terrible est que nous ne sommes pas moins fluides que le fleuve. Chaque fois que nous lisons un livre, le livre a changé, la connotation des mots est autre. En outre, les livres sont chargés de passé.

J'ai médit de la critique et je vais me dédire (mais qu'importe que je me dédise). *Hamlet* n'est pas exactement le *Hamlet* que Shakespeare a conçu au début du dix-septième siècle, il est le *Hamlet* de Coleridge, de Goethe et de Bradley. Il a été recréé. Et *Don Quichotte* également. Il en va de même avec Lugones, et Martinez Estrada, *Martín Fierro* n'est plus le même. Les lecteurs petit à petit ont enrichi le livre.

Quand nous lisons un vieil ouvrage c'est comme si nous parcourions tout le temps qui a passé entre le moment où il a été écrit et nous-mêmes. C'est

157

pourquoi il convient de maintenir le culte du livre. Un livre peut être plein d'errata, nous pouvons ne pas être d'accord avec les opinions de son auteur, il garde pourtant quelque chose de sacré, quelque chose de divin, non qu'on le respecte par superstition mais bien dans le désir d'y puiser du bonheur, d'y puiser de la sagesse.

Voilà ce que je voulais vous dire aujourd'hui.

L'immortalité

Dans l'*Expérience religieuse*, un livre admirable comme tous ceux qu'il a écrits, William James ne consacre qu'une seule page au problème de l'immortalité personnelle. Il déclare que pour lui, c'est un problème mineur.

Certes, il ne s'agit pas là d'un des problèmes fondamentaux de la philosophie, comme sont le temps, la connaissance ou le monde extérieur. James explique que le problème de l'immortalité personnelle se confond avec le problème religieux. Pour presque tout le monde, pour le commun des mortels — dit James — *Dieu est la cause de l'immortalité personnelle*.

Sans se rendre compte du piquant de la chose, Miguel de Unamuno reprend, dans *le Sentiment tragique de la vie*, les mêmes termes : *Dieu est la cause de l'immortalité*, mais il répète à plusieurs reprises qu'il veut continuer à être Miguel de Unamuno. Là, je ne le comprends plus ; moi je ne voudrais pas continuer à être Jorge Luis Borges, je voudrais être quelqu'un d'autre. J'espère que ma mort sera totale. J'espère mourir de corps et d'âme.

J'ignore si on jugera ambitieuse, modeste ou non entièrement justifiée ma prétention à parler de l'immortalité personnelle, de l'âme qui conserve la mémoire de ce qu'elle fut sur la terre et qui, arrivée dans l'autre monde, se souvient de cette dernière. Je me rappelle que ma sœur Norah vint l'autre jour à la maison et dit : « Je vais peindre un tableau qui aura pour titre ''Nostalgies de la terre''. Il représentera ce qu'un bienheureux ressent au ciel en pensant à la terre. Je vais le composer avec les éléments du Buenos Aires de mon enfance. » J'ai écrit un poème, que ma sœur ne connaît pas, traitant d'un sujet analogue. J'imagine Jésus se souvenant de la pluie en Galilée, de l'odeur du bois de charpente et de quelque chose qu'il n'a jamais vu au ciel et dont il a la nostalgie : la voûte étoilée.

Ce thème de la nostalgie de la terre qu'on éprouve au ciel est présent dans un poème de Dante Gabriel Rossetti. Il s'agit d'une jeune fille qui est au ciel et qui est malheureuse parce que son amoureux n'est pas avec elle ; elle a l'espoir qu'il viendra la rejoindre, or il ne viendra jamais car il a péché et elle l'attendra donc toujours.

William James dit que pour lui il s'agit là d'un problème mineur ; que les grands problèmes de la philosophie sont ceux du temps, de la réalité du monde extérieur, de la connaissance. L'immortalité occupe une place mineure, une place qui correspond moins à la philosophie qu'à la poésie et, bien entendu, à la théologie, enfin à certaines théologies.

Il existe une autre solution, celle de la métempsycose, certainement poétique et plus intéressante que l'autre, celle où l'on continuerait à être ce que nous sommes et à nous rappeler ce que nous avons été, ce qui est, à mon avis, un assez pauvre sujet.

Je me rappelle dix ou douze images de mon

enfance et j'essaie de les oublier. Quand je pense à mon adolescence je ne me résigne pas à avoir eu celle que j'ai eue ; j'aurais préféré être un autre. En même temps, tout cela peut être transformé par l'art, devenir thème de poésie.

Platon, sans le vouloir, nous a donné avec le *Phédon* le texte le plus pathétique de toute la littérature philosophique. Ce dialogue se réfère au dernier après-midi de Socrate, au moment où ses amis apprennent que le bateau de Délos est arrivé et que Socrate devra boire la ciguë ce jour-là. Socrate les reçoit dans sa prison, sachant qu'il va être exécuté. Il les reçoit tous sauf un. Nous avons ici la phrase la plus émouvante que Platon ait jamais écrite, comme le signale Max Brod. Le texte dit ceci : *Platon, je crois, était malade*. Brod fait remarquer que c'est la seule fois dans tous ses vastes dialogues, que Platon se nomme. Puisqu'il écrivit ce dialogue, sans doute était-il présent — d'ailleurs peu importe — et il se nomme à la troisième personne ; en somme, il nous apparaît comme incertain d'avoir assisté à ce grand moment.

On a pensé que Platon a écrit cette phrase pour se sentir plus libre, comme s'il avait voulu nous dire : *Je ne sais pas ce qu'a dit Socrate le dernier jour de sa vie mais j'aurais aimé qu'il ait dit ces choses*. Ou bien : *Je peux me l'imaginer disant ces choses*.

Je crois que Platon a senti l'incomparable beauté littéraire de ces mots : *Platon, je crois, était malade*.

Puis vient un passage admirable, peut-être le plus admirable de ce dialogue. Les amis de Socrate entrent, il est assis sur son lit et on lui a déjà ôté ses fers ; se frottant les genoux et soulagé de ne plus sentir le poids de ses chaînes, il dit à peu près ceci : C'est curieux, les chaînes me pesaient, c'était une forme de douleur. Maintenant je me sens soulagé car on me les a ôtées. Le plaisir et la douleur sont inséparables, ce sont des jumeaux.

Il est remarquable qu'à ce moment-là, au dernier jour de sa vie, Socrate ne parle pas de sa mort mais qu'il fasse cette constatation que le plaisir et la douleur sont inséparables. C'est un des passages les plus émouvants de l'œuvre de Platon. Il nous montre un homme courageux, un homme qui est sur le point de mourir et qui ne parle pas de sa mort imminente.

Puis on dit qu'il doit prendre le poison ce jour-là et vient la discussion, faussée pour nous par le fait qu'on y parle de deux êtres, de deux substances : l'âme et le corps. Socrate dit que la substance psychique (l'âme) peut vivre mieux sans le corps ; que le corps est une entrave. Il rappelle cette doctrine — courante dans l'Antiquité — affirmant que nous sommes emprisonnés dans notre corps.

Je voudrais citer ici un vers du grand poète anglais Brooke qui dit — meilleur poète sans doute que philosophe : *Et là, après la mort, nous toucherons enfin, délivrés de nos mains ; et nous verrons, car nous ne serons plus aveuglés par nos yeux*. C'est là de la bonne poésie mais je ne sais pas jusqu'à quel point c'est de la bonne philosophie. Gustav Spiller, dans son excellent traité de psychologie, dit que si nous pensons à certains accidents corporels, une mutilation, un coup sur la tête, ces accidents ne sont d'aucun bénéfice pour l'âme. Il n'y a pas de raison de supposer qu'un traumatisme du corps soit bénéfique à l'âme. Cependant, Socrate, qui croit à ces deux réalités, l'âme et le corps, estime que l'âme débarrassée du corps pourra se consacrer à la méditation.

Cela nous rappelle ce mythe de Démocrite. On

dit qu'il s'arracha les yeux dans un jardin pour penser sans être distrait par le monde extérieur.

Bien entendu l'histoire est fausse mais elle est très belle. C'est celle d'un homme qui voit le monde apparent — ce monde des sept couleurs que j'ai perdu — comme une gêne pour la pensée pure et qui s'arrache les yeux pour continuer à penser tranquillement.

Aujourd'hui ces concepts d'âme et de corps sont pour nous sujets à caution. Résumons l'histoire de la philosophie. Locke a dit qu'il n'existait que des perceptions et des sensations, et des souvenirs de ces perceptions et de ces sensations ; que la matière existait et que nos cinq sens nous la rendaient perceptible. Puis Berkeley a soutenu que la matière est une suite de perceptions et que ces perceptions sont inconcevables sans une conscience pour les percevoir. Qu'est-ce que le rouge ? Le rouge dépend de nos yeux qui sont également un système de perception. Ensuite vient Hume qui réfute ces deux hypothèses, qui détruit l'âme et le corps. Qu'est-ce que l'âme sinon quelque chose qui perçoit et qu'est-ce que la matière sinon quelque chose qui est perçu ? Si on supprimait les substantifs dans l'univers, celui-ci se réduirait aux verbes. D'après Hume, nous ne devrions pas dire *je pense* car *je* est un sujet ; on devrait dire *il est pensé* de même qu'on dit *il pleut*. Dans ces deux verbes nous avons une action sans sujet. Au lieu de dire *Je pense, donc je suis*, Descartes aurait dû dire : *Quelque chose pense*, ou *il est pensé* ; car le *je* suppose une entité et nous n'avons pas le droit d'en supposer l'existence. Il faudrait dire : *il est pensé donc quelque chose existe*.

Quant à l'immortalité personnelle, voyons quels arguments jouent en sa faveur. Nous en citerons deux. Fechner dit que l'homme a une conscience

pleine de désirs, d'appétits, d'espérances, de craintes qui ne correspondent pas à la durée de sa vie.
Quand Dante dit : *N'el mezzo del cammin di nostra
vita*, il nous rappelle que selon les Ecritures, on ne
devrait pas dépasser soixante-dix ans de vie. Ainsi,
ayant atteint trente-cinq ans, Dante eut sa vision.
Quant à nous, au cours de nos soixante-dix ans
d'existence (hélas, moi, j'ai dépassé cette limite ;
j'ai déjà soixante-dix-huit ans), nous avons des
élans qui ne trouvent pas leur réalisation dans
cette vie. Fechner pense à l'embryon, au corps qui
n'est pas encore sorti du ventre maternel. Ce corps
a des jambes qui ne servent à rien, des bras, des
mains qui ne servent à rien, rien de cela n'a de
sens ; cela n'aura de sens que dans une vie ulté-
rieure. Nous devons penser qu'il en va de même
de nous, que nous sommes pleins d'espoirs, de
craintes, de théories dont nous n'avons aucun besoin dans une vie purement mortelle. Nous
n'avons besoin que de ce qu'ont les animaux et ils
peuvent se passer de tout cela qui peut-être nous
servira dans une autre vie plus complète. C'est un
argument en faveur de l'immortalité.

Nous citerons l'éminent maître, saint Thomas
d'Aquin, qui dit ceci : *Intellectus naturaliter desiderat esse semper* (L'esprit désire spontanément être
éternel, être à jamais). A quoi nous pourrions
répondre qu'il a aussi d'autres désirs, qu'il désire
très souvent cesser d'être. Nous avons le cas des
gens qui se suicident ou le fait que nous sommes
des personnes qui avons besoin quotidiennement
de dormir, et le sommeil est une autre forme de
mort. Nous pourrions citer des textes poétiques
basés sur l'idée que la mort est une sensation.
Par exemple, cette chanson populaire espagnole :
*Viens, ô mort, si cachée que je ne te sente pas venir
/ pour que le plaisir de mourir ne me redonne pas*

la vie ; ou cet anonyme sévillan : *Sans la mesure,*
vis-tu jamais chose parfaite ? / Ô mort, viens en
silence comme tu viens dans la flèche, / et non
dans la tonnante machine fulgurante / car ma porte
n'est pas / de solides métaux renforcée. Il y a, plus
tard, la strophe du poète français Leconte de Lis-
le : *Affranchis-nous du temps, du nombre et de l'es-*
pace, / Et rends-nous le repos que la vie a troublé !

Parmi nos multiples désirs nous avons celui de
vivre, de vivre toujours, mais aussi celui de cesser
d'exister, malgré la peur ou son contraire : l'espérance. Tout cela peut s'accomplir sans l'immortalité personnelle, nous pouvons nous en passer. En
ce qui me concerne, je ne la désire pas et même je
la crains ; pour moi ce serait effrayant de savoir
que je vais continuer à exister, ce serait effrayant
de penser que je vais continuer à être Borges. Je
suis las de moi-même, de mon nom et de ma
renommée. Je voudrais me libérer de tout cela.

J'ai trouvé dans Tacite une sorte de compromis
qui a été repris par Goethe. Tacite dit, dans sa *Vie*
d'Agrippa : *Les grandes âmes ne meurent pas avec*
le corps. Tacite pensait que l'immortalité personnelle était un don réservé à une élite, qu'elle n'était
pas destinée au commun des mortels mais que
certaines âmes méritaient d'être immortelles ;
qu'après le Léthé dont parle Socrate, elles méritaient de se souvenir de ce qu'elles avaient été.
Goethe reprend cette idée quand il écrit, à la mort
de son ami Wieland : *Ce serait affreux de penser*
que Wieland est mort inexorablement. Goethe ne
peut admettre que Wieland ne continue pas à
exister en un autre lieu ; il croit en l'immortalité
personnelle de son ami, non pas en celle de tous.
C'est l'idée de Tacite : *Non cum corpore periunt*
magnae animae. C'est l'idée que l'immortalité est
le privilège de quelques-uns, des plus grands.

Mais chacun se juge grand, chacun est enclin à penser que son immortalité est nécessaire. Je ne partage pas cette opinion.

Nous avons ensuite d'autres immortalités qui me semblent plus importantes. Voyons d'abord l'hypothèse de la métempsycose qu'on trouve chez Pythagore et chez Platon. Celui-ci l'envisageait comme une éventualité possible. Elle permet d'expliquer la chance et la malchance. Si nous sommes heureux ou malheureux dans cette vie, cela dépend d'une vie antérieure ; nous recevons des châtiments ou des récompenses. Mais une difficulté surgit : si notre vie individuelle, comme le croient l'hindouisme et le bouddhisme, dépend de notre vie antérieure, cette vie antérieure dépend à son tour d'une autre vie antérieure et nous remontons ainsi à l'infini dans le passé.

On a prétendu que si le temps était infini, un nombre infini de vies dans le passé serait une contradiction. Si ce nombre est infini, comment une chose infinie pourrait-elle arriver jusqu'au moment présent ? Il me semble pourtant que si on pense à un temps infini, ce temps infini doit englober tous les présents et, dans tous ces présents, pourquoi pas ce présent-ci, à Belgrano, à l'université de Belgrano, et vous et moi, tout ensemble ? Pourquoi pas également ce temps-ci ? Si le temps est infini, à tout instant nous sommes au centre du temps.

Pascal pensait que si l'univers est infini, l'univers doit être une sphère dont la circonférence est partout et le centre nulle part. Pourquoi ne pas dire que ce moment-ci a derrière lui un passé infini, un hier infini, et pourquoi ne pas penser que ce passé passe aussi par ce présent-ci ? A tout instant, nous sommes au centre d'une ligne infinie, à tout endroit du *centre* infini nous sommes au centre de l'espace puisque l'espace et le temps sont infinis.

Les bouddhistes croient que nous avons vécu un nombre infini de vies, c'est-à-dire un nombre illimité au sens strict du mot, un nombre sans début ni fin, un peu comme un nombre transfini dans les mathématiques modernes de Cantor. Nous sommes en ce moment en un centre — tous les instants sont des *centres* — de ce temps infini. En ce moment je suis en train de parler, vous réfléchissez à ce que je dis, pour l'approuver ou le contester. Dans la métempsycose une âme peut passer de corps en corps, corps humains ou végétaux. Nous avons ce poème de Pierre d'Agrigente où il raconte qu'il a reconnu un bouclier qui avait été le sien durant la guerre de Troie. Nous avons le poème *The Progress of the Soul* (le Progrès de l'âme) de John Donne, qui était légèrement postérieur à Shakespeare. Donne commence en disant : *Je chante le progrès de l'âme infinie*, et cette âme passe d'un corps à un autre. Il projetait d'écrire un livre qui aurait été supérieur à tous les livres y compris l'Ecriture sainte. Son projet était ambitieux et s'il n'aboutit pas, l'ébauche comporte néanmoins de très beaux vers. On voit au début une âme qui vit dans une pomme, le fruit que mangea Adam, le fruit du péché. Elle se trouve ensuite dans le ventre d'Eve où elle engendre Caïn, puis elle passe, à chaque strophe, de corps en corps (l'un d'eux sera celui d'Elisabeth d'Angleterre) et le poème reste inachevé puisque Donne croit que l'âme passe éternellement d'un corps à un autre. Dans l'un de ses prologues, Donne invoque des prédécesseurs illustres et cite les théories de Pythagore et de Platon concernant la transmigration des âmes. Il cite deux sources, celle de Pythagore et celle de la transmigration des âmes à laquelle Socrate a recours comme ultime argument.

Il est intéressant de noter que Socrate, en ce dernier jour, discutant avec ses amis, ne voulut pas faire d'adieux pathétiques. Il renvoya sa femme et ses enfants, il faillit renvoyer un ami qui pleurait, il voulait converser sereinement ; simplement continuer à converser, continuer à penser. Le fait de sa mort personnelle ne l'affectait pas. Ce n'était pas son affaire. Son rôle était de discuter, de discuter d'une façon nouvelle.

Pourquoi devait-il boire la ciguë ? Il n'y avait aucune raison à cela.

Il tient des propos étranges : Orphée aurait dû se transformer en rossignol ; Agamemnon, le meneur d'hommes, en aigle ; Ulysse, curieusement, dans le plus modeste et le plus ignoré des hommes. Socrate parle encore quand la mort l'interrompt. De ses pieds monte en lui la mort bleue. Il a bu la ciguë. Il dit à un de ses amis de ne pas oublier le vœu qu'il a fait à Esculape de lui offrir un coq. Il indique par là qu'Esculape, dieu de la Médecine, l'a guéri de ce mal essentiel : la vie. *Je dois un coq à Esculape, il m'a guéri de la vie, je vais mourir*. Autrement dit, il cesse de croire à ce qu'il a dit auparavant : il pense qu'il va mourir personnellement.

Nous avons un autre texte classique, le *De natura rerum* de Lucrèce, où l'immortalité personnelle est niée. Le plus célèbre des arguments avancés par Lucrèce est le suivant : une personne se plaint qu'elle va mourir. Elle pense que tout avenir va lui être refusé. Comme dit Victor Hugo : *Je m'en irai bientôt, au milieu de la fête / Sans que rien manque au monde immense et radieux !* Lucrèce, dans son grand poème, aussi ambitieux que celui de Donne, emploie donc l'argument suivant :

on se plaint que l'avenir va nous manquer mais on devrait penser qu'avant nous s'est écoulé un temps infini. *Quand tu naquis*, dit-il au lecteur, *était déjà passé le moment où Carthage et Troie se disputaient l'empire du monde et cela ne t'importe plus. Alors, pourquoi ce qui viendra après toi pourrait-il t'importer ? Tu as perdu l'infini passé, que t'importe de perdre l'infini futur ?* Voilà ce que dit le poème de Lucrèce. Je regrette de ne pas savoir assez de latin pour me rappeler ces beaux vers que j'ai lus dernièrement à l'aide d'un dictionnaire.

Schopenhauer répondrait — et je crois qu'il est l'autorité suprême en la matière — que la doctrine de la métempsycose n'est rien d'autre que la forme populaire d'une doctrine différente, qui deviendra celle de Shaw et de Bergson, la doctrine d'une volonté de vivre. Quelque chose veut vivre, s'ouvrir une voie à travers la matière ou malgré la matière, quelque chose que Schopenhauer, qui conçoit le monde comme une volonté de résurrection, appelle *Wille* (la volonté).

Ensuite viendra Bernard Shaw qui parle de *the life force* (la force vitale) et enfin Bergson, qui parlera de *l'élan vital* qui se manifeste dans toutes les choses, qui crée l'univers, qui est en chacun de nous. Cet élan vital est comme mort dans les minéraux, comme endormi dans les végétaux, comme un rêve dans les animaux ; mais en nous il est conscient de lui-même. Nous aurions peut-être ici l'explication de la citation que j'ai faite de saint Thomas : *Intellectus naturaliter desiderat esse semper*, « L'intelligence désire naturellement être éternelle ». Mais sous quelle forme ? Pas sous une forme personnelle à la façon d'Unamuno qui veut continuer à être Unamuno, mais sous une forme générale.

Notre moi est ce qu'il y a de moins personnel

pour nous. Que signifie sentir son moi ? En quoi peut différer le fait que je me sente être Borges du fait que vous vous sentiez être X, Y ou Z ? Absolument en rien. Ce moi est une impression que nous éprouvons tous, c'est ce qui est présent, d'une façon ou d'une autre, dans toutes les créatures. Alors nous pourrions dire que l'immortalité est nécessaire, non pas au plan personnel mais au plan général. Par exemple, chaque fois que quelqu'un aime son ennemi apparaît l'immortalité du Christ. A ce moment-là, ce quelqu'un est le Christ. Chaque fois que nous citons un vers de Dante ou de Shakespeare revit en nous, d'une certaine façon, le moment où Shakespeare ou Dante créa ce vers. Bref, l'immortalité est dans la mémoire des autres et dans l'œuvre que nous laissons. Mais quelle importance si cette œuvre est oubliée ?

J'ai consacré ces vingt dernières années à la poésie anglo-saxonne, je sais par cœur beaucoup de poèmes anglo-saxons. Mais qu'importe cela ? Qu'importe si mon moi, en répétant des poèmes du neuvième siècle, ressent quelque chose que quelqu'un ressentit alors ? Ce quelqu'un revit en moi en cet instant mais je ne suis pas ce mort-là. Chacun de nous est en quelque sorte tous les hommes qui l'ont précédé et pas seulement ceux qui étaient de son sang.

Bien entendu, nous avons un héritage génétique. Je sais — ma mère me l'a dit — que chaque fois que je récite des vers anglais, j'ai la voix de mon père. (Mon père mourut en 1938, l'année où Lugones se donna la mort.) Quand je récite des vers de Schiller, mon père revit en moi. Les gens qui m'auront entendu se rappelleront ma voix, qui est un reflet de la voix de mon père qui fut, sans doute, un reflet de la voix de ses ancêtres. Que savons-nous de nous-mêmes ? Autrement dit, nous pouvons croire à l'immortalité.

Chacun de nous, d'une façon ou d'une autre, collabore à ce monde. Chacun de nous voudrait qu'il soit meilleur et si le monde s'améliore réellement — éternelle espérance —, si la patrie est sauvée (pourquoi la patrie ne serait-elle pas sauvée ?), nous serons immortels par ce salut, peu importe qu'on connaisse ou qu'on ignore nos noms. C'est un détail sans importance. L'important c'est l'immortalité. Cette immortalité s'obtient par les œuvres, par le souvenir qu'on laisse aux autres. Ce souvenir peut être infime, ce peut être une simple phrase. Par exemple : *Untel, mieux vaut le perdre que le rencontrer*. Je ne sais pas qui a dit cette phrase mais chaque fois que je la répète je deviens celui qui l'a dite. Qu'importe que cet homme soit mort s'il revit en moi et en tous ceux qui répètent cette phrase ?

On peut en dire autant de la musique et du langage. Le langage est une création. C'est une sorte d'immortalité. Je vous parle en castillan. Combien de morts castillans sont-ils en train de vivre en moi ? Mon opinion n'a pas d'importance, ni mon jugement ; les noms du passé n'ont pas d'importance puisque nous sommes continuellement en train d'aider à l'avenir du monde, à l'immortalité, à notre immortalité. Celle-ci n'a aucune raison d'être personnelle, elle peut se passer de l'accident des prénoms et des noms, elle peut se passer de notre mémoire. Pourquoi supposer que nous allons continuer dans une autre vie à exercer notre mémoire, comme si je devais continuer à penser toute ma vie à mon enfance, à Palermo, à Adrogué ou à Montevideo ? Pourquoi toujours revenir à cela ? C'est un procédé littéraire, je puis oublier tout cela et je continuerai d'exister et tout cela vivra en moi, même si je n'en parle pas. Le plus important peut-être est ce que nous ne nous rappelons pas de façon précise ; peut-être le plus important est-il ce que nous nous rappelons de façon inconsciente.

Pour conclure, je dirai que je crois à l'immortalité : à l'immortalité non pas personnelle mais cosmique. Nous continuerons d'être immortels : au-delà de notre mort corporelle reste notre souvenir, et au-delà de notre souvenir restent nos actes, nos œuvres, nos façons d'être, toute cette merveilleuse partie de l'histoire universelle, mais nous ne le savons pas et c'est mieux ainsi.

Emmanuel Swedenborg

Voltaire a dit que l'homme le plus extraordinaire qu'ait mentionné l'Histoire a été Charles XII. Je dirais quant à moi que l'homme le plus extraordinaire — si nous admettons ces superlatifs — c'est peut-être le plus mystérieux de ses sujets : Emmanuel Swedenborg. Je voudrais dire quelques mots de l'homme, puis je parlerai de sa doctrine, qui est ce qu'il y a de plus important pour nous.

Emmanuel Swedenborg est né à Stockholm en 1688 et il est mort à Londres en 1772. Une longue vie pour l'époque. Il a presque été centenaire. Sa vie se divise en trois périodes d'intense activité. On a calculé que chacune de ces périodes avait duré vingt-huit ans. Nous avons d'abord un homme qui se consacre aux études. Le père de notre Swedenborg était un évêque luthérien et il éleva son fils dans le luthérianisme, religion dont la pierre angulaire, comme chacun sait, est le salut par la grâce, grâce à laquelle Swedenborg ne croit pas. Dans son système, dans la nouvelle religion qu'il a prêchée, on parle du salut par les œuvres, mais ces œuvres ne consistent ni en messes ni en cérémonies : il s'agit d'œuvres véritables, d'œuvres dans lesquelles l'homme s'engage tout entier, c'est-à-

173

dire avec son esprit et, ce qui est plus curieux encore, également avec son intelligence.

Swedenborg commence donc par faire des études de théologie puis il s'intéresse aux sciences. Il s'intéresse surtout aux sciences appliquées. On a constaté par la suite qu'il pressentit beaucoup de découvertes ultérieures. Par exemple, l'hypothèse de la nébuleuse de Kant et de Laplace. Puis, comme Léonard de Vinci, Swedenborg dessina un véhicule pour circuler dans les airs. Il savait que ce véhicule ne serait pas utilisé mais il voyait en lui le point de départ possible pour ce que nous appelons aujourd'hui des avions. Il dessina aussi des véhicules pour aller sous l'eau, comme le prévoyait Francis Bacon. Puis il s'intéressa — chose également singulière — à la minéralogie. Il fut, à Stockholm, assesseur au Collège royal des Mines. Il s'occupa aussi d'anatomie. Comme Descartes, il voulait savoir en quel point précis l'esprit communiquait avec le corps.

Emerson dit : *Il nous a laissé, hélas ! cinquante ouvrages*. Cinquante volumes dont vingt-cinq au moins sont consacrés à la science, aux mathématiques, à l'astronomie. Il refusa d'occuper la chaire d'astronomie de l'université d'Uppsala car il fuyait tout ce qui avait trait à la théorie. Il ne s'intéressait qu'à la pratique. Il fut ingénieur militaire de Charles XII qui le tenait en grande estime. Le héros et le futur visionnaire se fréquentèrent beaucoup. Swedenborg imagina une machine pour transporter par voie de terre des navires, au cours d'une de ces guerres presque mythiques de Charles XII à propos desquelles Voltaire a écrit de si belles pages. On transporta les bateaux de guerre sur une distance de vingt milles.

Plus tard, il s'installa à Londres où il étudia divers métiers : la menuiserie, l'ébénisterie, la typographie, la fabrication des instruments scientifiques. Il dessina aussi des cartes pour les globes terrestres. C'est dire qu'il fut un homme éminemment réaliste. Et je me rappelle une phrase d'Emerson disant qu'aucun homme ne mena une vie plus réaliste que Swedenborg. Il faut que nous sachions cela, que nous considérions l'ensemble de son œuvre scientifique et pratique. A cinquante-cinq ans, il avait déjà publié près de vingt-cinq volumes de minéralogie, d'anatomie et de géométrie. Il fut, en outre, un homme politique ; il fut sénateur du royaume.

Survint alors le fait capital de son existence. Ce fait capital fut une vision qu'il eut à Londres et qui fut précédée par des rêves, transcrits dans son journal. Ils n'ont pas été publiés mais nous savons qu'il s'agit de rêves érotiques.

C'est alors qu'eut lieu sa vision, que certains ont prise pour un accès de folie. Mais la clarté de son œuvre exclut une telle hypothèse et aussi le fait qu'à aucun moment nous ne nous sentons en présence d'un fou.

Swedenborg expose toujours sa doctrine avec beaucoup de lucidité. A Londres, un inconnu qui l'avait suivi dans la rue pénétra dans sa maison et lui dit qu'il était Jésus, que l'Eglise était en pleine décadence — comme l'Eglise juive à l'époque de Jésus-Christ — et qu'il avait le devoir de la rénover en créant une troisième Eglise, celle de Jérusalem.

Tout cela paraît absurde, incroyable, mais nous avons l'œuvre de Swedenborg. Et cette œuvre très vaste est écrite en un style très serein. Il ne procède à aucun moment par raisonnement. Rappelons-nous cette phrase d'Emerson : *Les arguments n'ont jamais convaincu personne.* Swedenborg expose tout avec autorité, avec une calme autorité.

Jésus, donc, lui dit qu'il lui confiait la mission de rénover l'Eglise et qu'il lui serait permis de visiter l'autre monde, le monde des esprits avec ses innombrables ciels et enfers. Qu'il avait le devoir d'étudier l'Ecriture sainte. Avant de rien écrire, Swedenborg consacra deux années à l'étude de l'hébreu car il voulait lire les textes originaux. Il étudia de nouveau les textes sacrés et il crut trouver en eux la base de sa doctrine, un peu à la manière des kabbalistes qui trouvent dans l'Ecriture des justifications à ce qu'ils cherchent.

Voyons, avant tout, sa vision de l'autre monde, sa vision de l'immortalité personnelle, en laquelle il crut, et nous verrons que tout est basé sur le libre arbitre. Dans *la Divine Comédie* de Dante — cette œuvre si belle du point de vue littéraire — le libre arbitre cesse à l'heure de la mort. Les morts sont jugés par un tribunal et méritent le ciel ou l'enfer. Par contre, dans l'œuvre de Swedenborg, il en va tout autrement. Swedenborg nous dit que lorsqu'un homme meurt il ne se rend pas compte qu'il est mort car tout ce qui l'entoure demeure identique. Il est dans sa maison, ses amis viennent le voir, il parcourt les rues de sa ville, il ne pense pas qu'il est mort ; mais bientôt il commence à remarquer quelque chose. Il commence à remarquer quelque chose qui d'abord le réjouit puis qui l'inquiète : tout dans l'autre monde est plus intense que dans le nôtre.

Nous imaginons toujours l'autre monde de façon assez floue mais Swedenborg nous dit qu'au contraire les sensations y sont beaucoup plus vives. Par exemple, il y a davantage de couleurs. Et si nous pensons que dans le ciel de Swedenborg, les anges, où qu'ils se trouvent, sont toujours face au Seigneur, nous pouvons penser aussi

176

à une sorte de quatrième dimension. En tout cas, Swedenborg nous répète que l'autre monde est beaucoup plus intense que celui-ci. Il y a davantage de couleurs, davantage de formes. Tout est plus concret, plus tangible qu'ici-bas. A tel point, nous dit-il, que ce monde-ci, comparé au monde qu'il a vu dans ses innombrables promenades par les cieux et les enfers, est comme une ombre. C'est comme si nous vivions dans l'ombre.

Je me rappelle une phrase de saint Augustin qui dit, dans *la Cité de Dieu*, que la jouissance des sens devait être plus forte au Paradis terrestre qu'ici-bas car il est impensable que la chute ait rien amélioré. Et Swedenborg dit la même chose. Il parle des jouissances des sens dans les cieux et dans les enfers de l'au-delà et il dit qu'elles sont beaucoup plus fortes que celles d'ici-bas.

Qu'arrive-t-il à un homme quand il meurt ? Au début, il ne se rend pas compte qu'il est mort. Il poursuit ses occupations habituelles, ses amis viennent le voir, il bavarde avec eux. Puis, petit à petit, l'homme constate avec effroi que tout est plus intense, qu'il y a davantage de couleurs. *J'ai vécu jusqu'ici dans l'ombre, se dit l'homme, et maintenant je vis dans la lumière*. Et cela peut le réjouir un moment.

Puis des inconnus s'approchent et bavardent avec lui. Ces inconnus sont des anges et des démons. Swedenborg dit que les anges n'ont pas été créés par Dieu, pas plus que les démons. Les anges sont des hommes qui se sont élevés jusqu'à atteindre la forme angélique ; les démons sont des hommes qui sont descendus au stade démoniaque. Si bien que toute la population des cieux et des enfers est faite d'hommes devenus des anges ou devenus des démons.

Des anges, donc, s'approchent du mort. Dieu ne

condamne personne à l'enfer. Dieu voudrait que tous les hommes soient sauvés.

Mais en même temps Dieu a donné à l'homme le libre arbitre, le terrible privilège de se condamner à l'enfer ou de mériter le ciel. Autrement dit, Swedenborg maintient dans l'au-delà la doctrine du libre arbitre que la doctrine orthodoxe supprime après la mort. Il y a ainsi une région intermédiaire qui est celle des esprits. Dans cette région demeurent les hommes, demeurent les âmes de ceux qui sont morts et elles conversent avec les anges et les démons.

Alors vient ce moment, qui peut tarder une semaine, un mois, de longues années, nous ne savons pas combien de temps, ce moment où l'homme décide d'être un démon ou de parvenir à être un ange. Dans l'un des cas il mérite l'enfer. Cette région intermédiaire est faite de vallées puis de crevasses. Ces crevasses peuvent être à un niveau inférieur et elles communiquent avec les enfers ; ou à un niveau supérieur et elles communiquent avec les cieux. L'homme avance, lie conversation et recherche la compagnie de ceux qui lui plaisent. S'il a un tempérament démoniaque, il préférera la compagnie des démons. S'il a un tempérament angélique, la compagnie des anges. Si vous voulez avoir une description de tout cela, plus vivante certes que la mienne, vous la trouverez dans le troisième acte de *Man and Superman*, de Bernard Shaw.

Il est curieux que celui-ci ne mentionne jamais Swedenborg. Je pense qu'il l'a cité à travers sa propre doctrine. Car le système de John Tanner reprend la doctrine de Swedenborg, mais sans le nommer. Je présume qu'il ne s'agit pas là d'une supercherie et que Shaw en vint sincèrement à croire à ce système, qu'il en vint aux mêmes conclusions à travers William Blake qui met en application la doctrine du salut prêchée par Swedenborg.

L'homme converse donc avec des anges et avec des démons. Suivant son tempérament, il est attiré soit par les uns soit par les autres. Ceux qui se condamnent à l'enfer — Dieu, lui, ne condamne personne — se sentent attirés par les démons. Mais que sont les enfers ? Selon Swedenborg, ils peuvent avoir divers aspects. Pour nous ou pour les anges, ils se présentent comme des régions marécageuses ou des régions où les villes semblent avoir été détruites par des incendies ; mais les réprouvés s'y sentent heureux. Ils s'y sentent heureux à leur façon, c'est-à-dire qu'ils sont pleins de haine et leur royaume est sans monarque ; ils conspirent perpétuellement les uns contre les autres. C'est un monde de basse politique, de conspirations. C'est donc l'enfer.

Puis nous avons le ciel, diamétralement opposé à l'enfer. Selon Swedenborg — et c'est la partie la plus difficile de sa doctrine — il y aurait un équilibre entre les forces infernales et les forces angéliques, équilibre nécessaire à la survie du monde. Dans cet équilibre, Dieu est toujours celui qui commande et il laisse les esprits infernaux en enfer parce qu'ils ne sont heureux que là.

Swedenborg nous raconte le cas d'un esprit démoniaque qui arrive au ciel, respire le parfum du ciel, entend les conversations du ciel et tout lui semble horrible. Le parfum lui paraît fétide, la lumière lui paraît obscure. Alors il retourne en enfer car il n'est heureux que là. Le ciel est le monde des anges. Swedenborg ajoute que tout l'enfer a la forme d'un démon et le ciel la forme d'un ange. Le ciel est fait de sociétés d'anges et Dieu est parmi eux. Dieu est représenté par le soleil.

Le soleil correspond donc à Dieu et les pires enfers sont les enfers occidentaux et nordiques. Par contre, à l'Est et au Sud, les enfers sont plus doux. Personne n'est condamné à y aller. Chacun recherche la société qui lui plaît, les compagnons qui lui plaisent, selon l'appétit qui a dominé sa vie.

Ceux qui arrivent au ciel s'en font une idée erronée. Ils pensent qu'au ciel ils vont prier constamment ; et on leur permet de prier mais au bout de quelques jours ou de quelques semaines, ils se lassent : ils se rendent compte que le ciel, ce n'est pas cela. Puis ils adulent Dieu ; ils le louent. Dieu n'aime pas être adulé. Ces gens se lassent d'ailleurs d'aduler Dieu. Ils pensent alors qu'ils peuvent être heureux en conversant avec les êtres qu'ils chérissent mais au bout d'un moment ils comprennent que ces êtres chéris et les héros illustres peuvent être aussi ennuyeux dans l'au-delà qu'ils l'ont été sur la terre. Ils s'en fatiguent et entrent alors dans ce qui est véritablement le ciel. Je rappellerai ici un vers de Tennyson qui dit que l'âme ne désire pas des sièges dorés, qu'elle désire simplement qu'on lui accorde le don de continuer, de ne pas cesser d'être.

Autrement dit, le ciel de Swedenborg est un ciel d'amour et, surtout, un ciel de travail, un ciel altruiste. Chacun des anges travaille pour les autres ; tous travaillent pour les autres. Ce n'est pas un ciel passif. Ce n'est pas non plus une récompense. Si on a un tempérament angélique, on a ce ciel-là et on y est à l'aise. Mais il y a un autre aspect très important dans le ciel de Swedenborg : son ciel est éminemment intellectuel.

Swedenborg raconte l'émouvante histoire d'un homme qui durant sa vie s'est proposé de gagner son ciel ; il a pour cela renoncé à toutes les jouissances des sens. Il s'est retiré au désert. Il s'y est détaché de tout. Il a prié, il a demandé le ciel. C'est-à-dire qu'il s'est peu à peu appauvri. A sa mort, que se passe-t-il ? Il arrive au ciel et au ciel on ne sait que faire de lui. Il essaie de suivre les conversations des anges mais il ne les comprend pas. Il essaie d'apprendre les arts. Il essaie de tout écouter, de tout apprendre et il n'y arrive pas car il s'est appauvri. Ce n'est qu'un homme juste qui est mentalement pauvre. On lui accorde alors la grâce de pouvoir projeter l'image d'un désert. Dans ce désert, il prie sans se détacher du ciel, comme il priait sur la terre car il a compris qu'il s'est rendu indigne du ciel par sa pénitence, parce qu'il a appauvri sa vie, parce qu'il a refusé les joies et les plaisirs de la vie, ce qui n'est pas bien non plus.

C'est là une idée originale de Swedenborg. Avant lui, on avait toujours pensé que le salut relevait de la morale. Que si un homme était juste, il faisait son salut. *Le royaume des cieux est aux pauvres d'esprit, et cætera*. C'était le message de Jésus. Mais Swedenborg va plus loin. Il dit que cela ne suffit pas, qu'un homme doit faire son salut aussi intellectuellement. Il imagine le ciel avant tout comme une suite de conversations théologiques entre les anges. Si un homme ne peut pas suivre ces conversations, il est indigne du ciel. Aussi doit-il vivre seul. Puis viendra William Blake, qui ouvre une troisième voie de salut. Il dit que nous pouvons — que nous devons — faire notre salut aussi par l'intermédiaire de l'art. Blake explique que le Christ a, lui aussi, été un artiste car il n'a pas prêché avec de simples mots mais en paraboles. Et les paraboles sont, à l'évidence, des expressions esthétiques. Autrement dit, le salut se ferait grâce à l'intelligence, à la morale et à l'exercice de l'art.

Il me revient en mémoire certains passages de Blake où il résume en quelque sorte les longues sentences de Swedenborg ; quand il dit par exemple : *L'idiot, aussi saint soit-il, n'entrera pas dans le royaume des cieux.* Ou : *Il ne faut pas jouer la carte de la sainteté ; il faut miser sur l'intelligence.*

Nous aurions donc trois mondes. Le monde de l'esprit où, au bout d'un certain temps, l'homme méritera le ciel ou l'enfer. L'enfer est réellement régi par Dieu qui a besoin de cet équilibre. Satan est simplement le nom d'une région. Le démon n'est pas toujours la même personne car l'enfer est un monde de conspirations, de gens qui se détestent, qui se groupent pour attaquer le voisin.

Swedenborg converse ensuite avec divers personnages au paradis et dans les enfers. Tout cela lui est permis afin qu'il puisse fonder la nouvelle Eglise. Et que fait Swedenborg ? Il ne prêche pas ; il publie de façon anonyme des livres écrits en un latin sobre et aride. Et il diffuse ces ouvrages. Ainsi passent les trente dernières années de la vie de Swedenborg. Il habite Londres où il mène une vie très simple. Il s'alimente de lait, de pain et de légumes. Parfois vient un ami de Suède et alors il s'accorde quelques jours de bon temps.

A son arrivée en Angleterre, il avait voulu connaître Newton car il s'intéressait beaucoup à la nouvelle astronomie, aux lois de la gravité. Mais il ne parvint jamais à le rencontrer. Il s'intéressa beaucoup à la poésie anglaise. Il cite dans ses écrits Shakespeare, Milton et d'autres poètes. Il admire leur imagination ; autrement dit, cet homme avait un sens esthétique. Nous savons que lorsqu'il voyageait à l'étranger — il alla en Suède, en Angleterre, en Allemagne, en Autriche, en Italie — il visitait les usines, les quartiers pauvres. Il aimait beaucoup la musique. C'était ce qu'on appelait à l'époque un honnête homme. Il devint riche. Ses serviteurs vivaient au rez-de-chaussée de sa maison de Londres (elle vient d'être démolie) et ils l'entendaient converser avec les anges ou discuter avec les démons. Quand on parlait avec lui, il ne cherchait jamais à imposer ses idées. Bien entendu il ne permettait pas qu'on se moquât de ses visions mais il ne demandait pas qu'on y crût : il essayait plutôt de détourner la conversation.

Il y a une différence essentielle entre Swedenborg et les autres mystiques. Chez saint Jean de la Croix, nous avons des descriptions très vivantes de l'extase. L'extase est rapportée en termes d'expérience érotique ou avec des métaphores prises à l'ivresse. Un homme, par exemple, se trouve avec Dieu et Dieu est son semblable. Il y a tout un système de métaphores. Par contre, dans l'œuvre de Swedenborg, il n'y a rien de tel. C'est le récit d'un voyageur qui a parcouru des terres inconnues et qui les décrit posément, minutieusement.

C'est pourquoi sa lecture n'est pas à proprement parler divertissante. Elle est surprenante puis devient progressivement divertissante. J'ai lu les quatre volumes de Swedenborg qui ont été traduits en anglais et publiés par l'*Everyman's Library*. On m'a dit qu'il existe une traduction espagnole, une sélection, publiée par la *Editora Nacional*. J'ai lu quelques résumés de l'admirable conférence que donna Emerson dans sa série des hommes représentatifs qui comporte : *Napoléon ou l'homme de l'univers ; Montaigne ou le sceptique ; Shakespeare ou le poète ; Goethe ou l'homme de lettres ; Swedenborg ou le mystique*. C'est cette lecture qui m'introduisit à l'œuvre de Swedenborg. Dans cette conférence, qui est célèbre, Emerson n'est finalement pas tout à fait d'accord avec Swedenborg. Quelque chose le gêne en lui : peut-être sa minutie, ou son dogmatisme. Swedenborg revient souvent sur les mêmes faits. Il répète la même idée. Il ne cherche pas d'analogies. C'est un voyageur qui a parcouru un pays très étrange, des enfers et des cieux innombrables et qui raconte ce qu'il a vu.

Abordons maintenant un autre thème de Swedenborg : sa théorie des correspondances. A mon avis, il a imaginé ces correspondances pour pouvoir rattacher sa théorie à la Bible. Il dit que chaque mot dans la Bible a pour le moins deux sens. Dante pensait qu'il y avait quatre sens pour chaque verset.

Tout doit être lu et interprété. Par exemple, si on parle de la lumière, la lumière pour lui est une métaphore, le symbole évident de la vérité. Le cheval incarne l'intelligence car il nous transporte d'un endroit dans un autre. Swedenborg établit ainsi tout un système de correspondances. Il se rapproche en ceci beaucoup des kabbalistes.

Il parvient ensuite à l'idée que dans le monde tout est basé sur des correspondances, que la création est une écriture secrète, une cryptographie qu'il nous faut déchiffrer, que toutes les choses sont en réalité des mots, sauf les choses que nous ne pouvons pas comprendre et qui restent pour nous lettre morte.

Je me souviens de cette terrible phrase de Carlyle, qui a lu non sans profit Swedenborg, et qui dit : *L'histoire universelle est une écriture qu'il nous faut déchiffrer et transcrire continuellement*. Et c'est vrai : nous sommes continuellement témoins de l'histoire universelle et nous en sommes les acteurs. Nous sommes aussi des lettres, des symboles : *Un texte divin où s'inscrit notre destin*. J'ai chez moi un dictionnaire de correspondances. On peut prendre n'importe quel mot de la Bible et voir quel est le sens spirituel que Swedenborg lui a donné.

Bien entendu, il a surtout cru au salut par les œuvres. Par les œuvres non seulement de l'esprit mais aussi de l'intelligence. Le ciel, pour lui, est avant tout un ciel de longues considérations théologiques. Les anges avant tout conversent. Mais le ciel est aussi plein d'amour. On y admet le mariage. On y admet toute la sensualité de ce monde. Swedenborg cherche à ne rien renier ni appauvrir.

Il existe actuellement une Eglise swedenborgienne. Je crois qu'il y a quelque part aux Etats-Unis, une cathédrale de verre. Et Swedenborg compte quelques milliers d'adeptes aux Etats-Unis, en Angleterre (surtout à Manchester), en Suède et en Allemagne. Je sais que le père de William et de Henry James était swedenborgien. J'ai rencontré d'autres swedenborgiens aux Etats-Unis où il existe une société qui continue à publier ses ouvrages et à les traduire en anglais.

Il est curieux que l'œuvre de Swedenborg, bien que traduite en beaucoup de langues — y compris le japonais et l'hindi —, n'ait pas eu plus d'influence. Cette rénovation qu'il désirait ne s'est jamais faite. Il pensait fonder une nouvelle Eglise qui aurait été au christianisme ce que l'Eglise protestante est à l'Eglise de Rome.

Elle découlait partiellement de ces deux dernières. Elle n'a jamais eu cependant la vaste influence qu'elle aurait dû avoir. Je crois que tout cela fait partie du destin scandinave où tout semble se passer comme en rêve ou dans une boule de cristal. Par exemple, les Vikings découvrent l'Amérique plusieurs siècles avant Christophe Colomb mais rien ne s'ensuit. L'art du roman est inventé en Islande avec la saga mais cette invention n'a au-

cun développement. Il y a des figures historiques
— comme celle de Charles XII — qui devraient
être mondialement connues mais nous pensons à
d'autres conquérants, qui ont accompli des
exploits militaires sans doute inférieurs à ceux de
ce monarque. La pensée de Swedenborg aurait dû
rénover l'Eglise dans le monde entier mais elle
appartient à ce destin scandinave qui tient du rêve.

Je sais qu'il y a à la Bibliothèque nationale de
Buenos Aires un exemplaire du *Ciel et ses merveilles et l'Enfer*. Mais dans certaines bibliothèques
théosophiques, on ne trouve pas les œuvres de
Swedenborg. Cependant, c'est un mystique beaucoup plus complexe que les autres ; ceux-ci nous
ont dit seulement qu'ils ont connu l'extase et ils
ont essayé de nous la décrire d'une façon qui a
parfois pu être littéraire. Swedenborg est le premier explorateur de l'au-delà, un explorateur qu'il
nous faut prendre au sérieux.

Dans le cas de Dante, qui nous offre lui aussi
une description de l'Enfer, du Purgatoire et du
Paradis, nous comprenons qu'il s'agit d'une fiction
littéraire. Nous ne pouvons pas croire réellement
qu'il ait vécu personnellement tout ce qu'il raconte. D'ailleurs, la prosodie est là, qui l'en-
chaîne : il n'a pas pu expérimenter ce qu'il dit
dans son vers.

Avec Swedenborg nous avons une œuvre vaste.
Nous avons des livres tels que *la Vraie Religion
chrétienne*, et surtout ce livre que je vous recom-
mande à tous sur le ciel et l'enfer. Il a été traduit
en latin, en anglais, en allemand, en français et je
crois aussi en espagnol. Sa doctrine y est exposée
très clairement. Il serait absurde de penser qu'il
s'agit de l'œuvre d'un fou. Un fou n'aurait pas pu
écrire avec cette lucidité. D'ailleurs, la vie de Swedenborg changea du tout au tout : il abandonna

ses livres scientifiques. Il pensa que ses études scientifiques avaient été une préparation voulue par Dieu pour lui permettre d'affronter d'autres tâches.

Il se consacra donc à visiter les cieux et les enfers, à converser avec les anges et avec Jésus, puis à nous raconter tout cela en une prose sereine, en une prose qui se veut avant tout claire, sans métaphores ni emphase. Il y a beaucoup d'anecdotes mémorables, comme celle que je vous ai racontée de l'homme qui veut mériter le ciel mais qui ne mérite que le désert parce qu'il a appauvri sa vie. Swedenborg nous invite tous à faire notre salut moyennant une vie plus riche. A faire notre salut par la pratique de la justice et de la vertu, et aussi par l'exercice de notre intelligence.

Ensuite viendra Blake qui ajoute que l'homme doit aussi être un artiste pour faire son salut. Il s'agit donc d'un salut triple : il nous faut faire notre salut par la bonté et la justice, par l'intelligence abstraite et par l'exercice de l'art.

Le roman policier

Van Wyck Brooks a écrit un livre qui s'intitule *Flowering of New England*. Ce livre traite d'un fait extraordinaire que l'astrologie seule put expliquer : la floraison d'hommes de génie dans une région restreinte des Etats-Unis durant la première moitié du dix-neuvième siècle. J'ai une prédilection évidente pour cette Nouvelle-Angleterre qui tient tant de l'*Old England*. Il serait facile de dresser une liste infinie de noms. Nous pourrions nommer Emily Dickinson, Herman Melville, Thoreau, Emerson, William James, Henry James et, bien entendu, Edgar Poe qui naquit à Boston, en 1809 me semble-t-il. Mes dates, on le sait, sont incertaines. Parler du roman policier, c'est parler d'Edgar Poe qui inventa le genre ; mais avant de parler de genre, il faudrait discuter d'un problème préalable : oui ou non les genres littéraires existent-ils ?

On sait que Croce, dans certaines pages de son *Bréviaire d'esthétique* — son remarquable *Bréviaire d'esthétique* —, dit ceci : *Affirmer qu'un livre est un roman, une allégorie ou un traité d'esthétique revient, plus ou moins, à dire que sa couverture est jaune et qu'on le trouvera sur le troisième rayon à gauche.* Autrement dit il supprime les genres au profit des individualités. Il faudrait ajouter à cela, bien entendu, que ces individualités ayant beau être réelles, en les identifiant on les fait entrer dans un genre ou dans un autre. En parlant ainsi je fais moi-même une généralisation qui n'est peut-être pas permise.

Penser c'est généraliser et nous avons besoin de ces utiles archétypes de Platon pour pouvoir affirmer quoi que ce soit. Alors pourquoi ne pas affirmer qu'il y a des genres littéraires ? J'ajouterai une remarque personnelle : les genres littéraires dépendent peut-être moins des textes eux-mêmes que de la façon dont ces textes sont lus. Le fait esthétique requiert, pour se produire, la rencontre du lecteur et du texte. Il est absurde de supposer qu'un livre soit beaucoup plus qu'un livre. Il commence à exister quand un lecteur l'ouvre. Alors se produit le phénomène esthétique qui peut rappeler le moment où l'ouvrage a été conçu.

Il existe aujourd'hui un type particulier de lecteurs, les lecteurs de romans policiers. Ces lecteurs qu'on retrouve dans tous les pays du monde et qui se comptent par millions — ont été engendrés par Edgar Poe. Supposons un instant que ce type de lecteurs n'existe pas, ou supposons quelque chose de plus intéressant : qu'il s'agisse d'une personne très éloignée de nous. Par exemple un Persan, un Malais, un paysan, un enfant, une persone à qui on dit que le *Quichotte* est un roman policier ; supposons que ce personnage hypothétique ait lu des romans policiers et qu'il commence à lire ce livre. Que lit-il pour commencer ?

Dans une bourgade de la Manche, dont je ne veux pas me rappeler le nom, vivait, il n'y a pas longtemps, un hidalgo... et ce lecteur est déjà plein de soupçons car le lecteur de romans policiers est un lecteur incrédule qui lit avec méfiance, avec une méfiance particulière.

Par exemple, quand il lit : *Dans une bourgade de la Manche...* il suppose que, bien entendu, l'histoire ne se passe pas dans la Manche. Puis : *dont je ne veux pas me rappeler le nom...* pourquoi Cervantès ne voulut-il pas se le rappeler ? Sans doute parce que c'était lui l'assassin, le coupable. Puis... *il n'y a pas longtemps...* peut-être ce qui va suivre sera-t-il moins terrifiant que ce que l'on pourrait imaginer.

Le roman policier a créé un type spécial de lecteurs. C'est ce qu'on oublie habituellement quand on juge l'œuvre d'Edgar Poe ; car si Edgar Poe a créé le récit policier, il a créé ensuite le type du lecteur de romans policiers. Pour comprendre le récit policier nous devons tenir compte du contexte général de la vie d'Edgar Poe. Je crois qu'il fut un extraordinaire poète romantique, qu'il fut plus extraordinaire dans l'ensemble de son œuvre, dans le souvenir que nous en gardons, que dans telle ou telle de ses pages. Et il est plus extraordinaire dans sa prose que dans ses vers. Que trouvons-nous dans les poèmes d'Edgar Poe ? Nous y trouvons ce qui justifie l'opinion d'Emerson qui l'a appelé *the jingleman*, l'homme du refrain, de la ritournelle. C'est un Tennyson mineur, bien qu'il nous ait laissé quelques très beaux vers. Edgar Poe a projeté des ombres multiples. Que de choses nous viennent de lui !

On pourrait dire qu'il y a deux hommes sans lesquels la littérature actuelle ne serait pas ce qu'elle est. Ces deux hommes sont des Américains qui vécurent au siècle dernier : Walt Whitman — de lui vient ce que nous appelons la poésie engagée, celle de Neruda par exemple, et bien d'autres choses bonnes et mauvaises ; puis Edgar Poe, de qui dérive le symbolisme de Baudelaire, qui fut son disciple et qui l'invoquait tous les soirs. De lui découlent deux faits qui semblent très éloignés l'un de l'autre et qui pourtant ne le sont pas : ils sont voisins. C'est l'idée de la littérature considérée comme un fait intellectuel et le roman policier. Le premier — le fait de considérer la littérature comme une opération non de l'esprit mais de la pensée — est très important. L'autre est secondaire, bien qu'il ait inspiré de grands écrivains (je pense à Stevenson, à Dickens, à Chesterton — le meilleur héritier de Poe). Cette littérature peut paraître de second ordre et à vrai dire elle est arrivée à son déclin ; aujourd'hui elle a été dépassée et remplacée par la fiction scientifique qui, elle aussi, peut revendiquer Edgar Poe comme l'un de ses possibles pères.

Revenons sur ce que nous disions en commençant, sur l'idée que la poésie est une création de la pensée. Ceci est en contradiction avec toute la tradition antérieure qui tenait la poésie pour une opération de l'esprit. Nous avons le fait extraordinaire de la Bible, une série de textes d'auteurs différents, d'époques différentes, de sujets très différents mais tous attribués à un personnage invisible : l'Esprit saint. On suppose que l'Esprit saint, la divinité ou une intelligence infinie dicte diverses œuvres à divers scribes en divers pays et à diverses époques. Nous avons, par exemple, un dialogue métaphysique avec le Livre de Job, de l'histoire avec le Livre des Rois, de la théogonie avec la Genèse et avec les prédictions des prophètes. Toutes ces œuvres sont différentes mais nous les lisons comme si une seule personne les avait écrites.

Peut-être, dans une perspective panthéiste, ne faut-il pas prendre trop au sérieux le fait que nous

191

soyons actuellement des individus différents : nous sommes les différents membres d'une divinité continue. Autrement dit, l'Esprit saint a écrit tous les livres, comme il lit tous les livres puisqu'il est, à des degrés divers, en chacun de nous.

Mais revenons à Edgar Poe : c'est un homme qui eut, comme on sait, une vie malheureuse. Il mourut à quarante ans, rongé par l'alcool, la mélancolie et la névrose. Nous n'avons pas à entrer dans les détails de cette névrose ; qu'il nous suffise de savoir que Poe fut très malheureux et qu'il vécut prédestiné au malheur. Pour s'en libérer, il se mit à exercer, sans doute exagérément, ses facultés intellectuelles. Poe se considérait comme un grand poète romantique, un poète romantique de génie, surtout quand il n'écrivait pas en vers, surtout quand il écrivait en prose, par exemple quand il écrivit les *Aventures d'Arthur Gordon Pym*. Nous avons ce premier nom saxon : *Arthur*, Edgar, le second écossais : *Gordon*, Allan, et ensuite *Pym*, Poe, qui sont équivalents. Il se considérait comme un intellectuel et Pym se vantait d'être un homme capable de discuter et de juger de tout. Poe avait écrit ce fameux poème que nous connaissons tous trop bien car ce n'est pas un de ses meilleurs : *le Corbeau*. Il donna ensuite une conférence à Boston au cours de laquelle il expliqua comment il avait trouvé son sujet.

Il avait commencé par constater les vertus du refrain puis il avait pensé à la phonétique de l'anglais. Il s'était dit que les deux lettres les plus faciles à retenir et les plus efficaces de la langue anglaise étaient le « o » et le « r » ; il trouva immédiatement l'expression *never more*, jamais plus. C'est tout ce qu'il avait au départ. Ensuite surgit un problème. Il lui fallait justifier la répétition de ce mot car c'est inhabituel qu'un être humain répète, à la fin de chaque strophe : *never more*. Il se dit alors qu'il n'avait pas à être rationnel et cela l'amena à concevoir l'idée d'un oiseau qui parle. Il pensa à un perroquet mais cet oiseau n'a pas la dignité requise en poésie ; il pensa alors à un corbeau. A vrai dire, il lisait à l'époque le roman de Charles Dickens, *Barnaby Rudge*, où il est question d'un corbeau. Il avait donc un corbeau qui s'appelait *Never more* et qui répétait constamment son nom. C'est tout ce qu'avait Edgar Poe au début.

Puis il se dit : qu'est-ce qui peut arriver de plus triste, de plus mélancolique ? Ce doit être la mort d'une belle jeune femme. Qui peut le plus se lamenter sur un tel événement ? Bien entendu, l'amant de cette femme. Alors il pensa à un amant qui vient de perdre sa bien-aimée, laquelle se nomme *Leonore* pour rimer avec *never more*. Où situer l'amant ? Poe se dit alors : le corbeau est noir. Sur quoi ressort le mieux le noir ? Il doit ressortir sur du blanc ; prenons donc la blancheur d'un buste et ce buste de qui pourrait-il être ? Prenons le buste de Pallas Athénée ; et où pourrait-il être placé ? Dans une bibliothèque. Pour l'unité de son poème, explique Edgar Poe, il fallait un endroit clos.

Il plaça donc le buste de Minerve dans une bibliothèque ; c'est là que se trouve l'amant, seul, au milieu de ses livres et se lamentant sur la mort de sa bien-aimée, *so lovesick more* ; puis entre le corbeau. Pourquoi entre-t-il, ce corbeau ? Comme la bibliothèque est un lieu paisible, il faut mettre en contraste quelque chose qui ne l'est pas : il imagine un orage, une nuit d'orage qui pousse le corbeau à pénétrer dans la bibliothèque.

L'homme lui demande son nom et le corbeau répond *Never more* puis l'homme, se tourmentant de façon masochiste, lui pose des questions pour qu'à toutes il réponde : *never more, never more, never more*, jamais plus, et il continue à lui poser des questions. A la fin il dit au corbeau ce qu'on peut considérer comme la première métaphore du poème : *ôte ton bec de mon cœur et jette ta forme loin de ma porte*[1] ; et le corbeau (qui est devenu le symbole de la mémoire, de la mémoire malheureusement immortelle), le corbeau lui répond : *never more*. L'homme sait qu'il est condamné à passer le reste de sa vie, de sa vie fantastique, à parler au corbeau qui lui répondra toujours *jamais plus*, à lui poser des questions dont il connaît d'avance la réponse. Autrement dit, Edgar Poe veut nous faire croire qu'il a écrit un poème intellectuel ; mais il suffit de regarder d'un peu plus près le sujet pour constater que c'est faux. Edgar Poe aurait pu réaliser son idée d'être irrationnel en prenant non un corbeau mais un idiot ou un ivrogne ; nous aurions eu alors un poème complètement différent et moins explicable.

Je crois que Poe était fier de son intelligence. Il se dédoubla en un personnage qu'il choisit éloigné — celui que nous connaissons tous et qui est, à coup sûr, notre ami bien qu'il ne cherche pas à l'être : c'est un gentilhomme, Auguste Dupin, le premier *détective* de l'histoire de la littérature. C'est un gentilhomme français, un aristocrate très pauvre qui habite dans un quartier retiré de Paris, avec un ami.

Nous avons ici une autre tradition du roman policier : le mystère doit être découvert grâce à l'intelligence, grâce à une démarche intellectuelle. L'homme très intelligent qui résout l'énigme s'appelle ici Dupin, il s'appellera ensuite Sherlock Hol-

1. Trad. Mallarmé.

mes, plus tard encore le Père Brown et il aura
d'autres noms, d'autres noms célèbres. Le premier de tous, le modèle, l'archétype pourrions-
nous dire, c'est Charles Auguste Dupin, qui vit
avec un ami, lequel ami raconte l'histoire. Ceci
aussi fait partie de la tradition et sera repris très
longtemps après la mort d'Edgar Poe par l'écrivain irlandais Conan Doyle. Conan Doyle reprend
ce thème, attrayant en soi, de l'amitié entre deux
personnes différentes, renouant en quelque sorte
avec le thème de l'amitié entre Don Quichotte et
Sancho Pança, mais ces personnes n'arrivent jamais à une amitié parfaite. On retrouvera ce
thème dans *Kim*, avec l'amitié entre le jeune garçon et le prêtre hindou, et dans *Don Segundo
Sombra*, avec l'amitié du convoyeur de bétail et du
jeune homme. C'est un thème qui se multiplie
dans la littérature argentine, c'est le thème de
l'amitié qu'on retrouve dans tant de livres de Gu-
tiérrez.

Conan Doyle imagine un personnage un peu sot,
ayant une intelligence un peu inférieure à celle du
lecteur et qu'il appelle le Dr Watson ; l'autre est
un personnage assez comique tout en étant assez
respectable : c'est Sherlock Holmes. Conan Doyle
fait en sorte que les prouesses intellectuelles de
Sherlock Holmes soient rapportées par son ami
Watson, qui ne cesse de s'étonner et se laisse
toujours guider par les apparences, qui se laisse
dominer par Sherlock Holmes parce qu'il aime
être dominé.

Tous ces éléments sont déjà présents dans ce
premier conte policier qu'écrivit Edgar Poe sans
savoir qu'il inaugurait un genre et qui s'intitule :
Double Assassinat dans la rue Morgue. Edgar Poe
ne voulait pas que le genre policier fût un genre
réaliste mais un genre intellectuel, un genre fan-

tastique pourrait-on dire, mais un genre fantastique relevant de l'intelligence et pas seulement de l'imagination ; relevant des deux, bien entendu, mais surtout de l'intelligence.

Il aurait pu situer ses crimes et ses *détectives* à New York mais alors le lecteur aurait pu se demander si les choses se déroulaient réellement ainsi, si la police américaine était de cette sorte ou de telle autre. Il était plus commode pour Edgar Poe et son imagination était plus à son aise en situant l'action à Paris, dans un quartier peu fréquenté du côté de Saint-Germain-des-Prés. C'est pourquoi le premier *détective* de roman policier est un étranger, le premier *détective* qu'enregistre la littérature est un Français. Pourquoi un Français ? Parce que l'auteur qui écrit l'ouvrage est un Américain et qu'il a besoin d'un personnage vivant ailleurs. Pour rendre plus étranges ses personnages, il les fait vivre d'une façon différente du commun des mortels. A l'aube, ils ferment leurs volets, allument leurs bougies et le soir venu ils s'en vont marcher dans les rues désertes de Paris en quête de cet *infini bleu*, dit Edgar Poe, que seule donne une grande ville endormie ; avoir à la fois une impression de foule et de solitude, cela ne peut que stimuler la pensée.

Je m'imagine les deux amis parcourant les rues désertes de Paris, la nuit, et parlant — de quoi ? Parlant de philosophie, discutant de thèmes intellectuels. Puis vient le crime, ce crime qui est le premier de la littérature fantastique : l'assassinat de deux femmes. Je traduirais *the murders* par les crimes, les crimes de la rue Morgue, « crime » est plus fort qu'« assassinat ». Voici de quoi il s'agit : deux femmes ont été assassinées dans une chambre où il semblait impossible d'entrer. Edgar Poe inaugure ici le mystère de la pièce fermée à clef.

Une des femmes a été étranglée, l'autre a été égorgée avec un rasoir. Il y a beaucoup d'argent, quarante mille francs qui sont répandus sur le sol, tout est jeté sur le sol, tout suggère la folie. C'est-à-dire que nous avons un début brutal, terrifiant même, puis, à la fin, apparaît la solution.

Mais cette solution n'en est pas une pour nous car nous connaissions tous le sujet avant de lire la nouvelle d'Edgar Poe. Cela, bien entendu, lui ôte beaucoup de sa force. (C'est ce qui arrive avec *le Cas étrange du Dr. Jekyll et de Mr. Hyde* : nous savons que tous deux sont une seule et même personne mais seuls les lecteurs de Stevenson, autre disciple d'Edgar Poe, peuvent le savoir. (S'il nous parle du cas étrange du Dr. Jekyll et de Mr. Hyde, il propose dès le départ une dualité de personnes.) Qui aurait pu penser, d'ailleurs, que l'assassin serait un orang-outang, un singe ?

L'énigme est résolue grâce à un artifice : le témoignage des gens qui sont entrés dans la pièce avant la découverte du crime. Tous ont entendu une voix rauque — la voix d'un Français prétend l'un d'eux qui a même reconnu certains mots —, une voix qui n'articule pas les syllabes, une voix étrangère disent les autres. L'Espagnol croit qu'il s'agit d'un Allemand, l'Allemand d'un Hollandais, le Hollandais d'un Italien, etc. ; cette voix est la voix inhumaine d'un singe. Puis on découvre le crime ; on le découvre mais nous connaissions déjà la solution de l'énigme.

C'est ce qui nous amène à critiquer Edgar Poe, à penser que ses intrigues sont si minces qu'elles semblent transparentes. Elles le sont pour nous qui les connaissions d'avance mais elles ne l'étaient pas pour les premiers lecteurs de fictions policières qui n'avaient pas notre expérience du roman policier, qui n'avaient pas l'esprit formé par Edgar Poe comme nous l'avons nous-mêmes. Quand nous lisons, nous, un roman policier, nous sommes une invention d'Edgar Poe. Ceux qui, les premiers, lurent cette nouvelle furent enthousiasmés puis vinrent tous les autres récits.

Poe nous a laissé cinq modèles du genre, l'un d'eux s'intitule *le Démon de la perversité* : c'est le moins fort de tous mais il a été imité ensuite par Israel Zangwill dans *The Big Bow Murder*, qui reprend l'idée du crime commis dans une pièce fermée. Nous avons là un personnage, l'assassin, qu'on retrouve dans *le Mystère de la chambre jaune* de Gaston Leroux : en fait, le détective se trouve être l'assassin. Puis viendront *la Lettre volée* et *le Scarabée d'or* qui sont deux chefs-d'œuvre. Dans *la Lettre volée*, l'argument est très simple. Il s'agit d'une lettre qui a été volée par un ministre, la police sait qu'elle est en sa possession. Elle le fait attaquer à deux reprises dans la rue. Puis elle fouille sa maison ; pour que rien ne lui échappe, tout l'hôtel a été inspecté pièce par pièce ; la police dispose de microscopes, de loupes. On feuillette chaque livre de la bibliothèque, on examine les reliures, on cherche des traces de poussière sur le parquet. Puis intervient Dupin. Il dit que la police fait fausse route, qu'elle raisonne comme un enfant qui pense qu'on cache un objet dans une cachette ; mais la réalité est tout autre. Dupin va rendre visite à l'homme politique qui est de ses amis et il aperçoit derrière son bureau, à la vue de tous, une enveloppe déchirée. Il comprend qu'il s'agit de la lettre que tout le monde cherche. L'idée consiste à cacher quelque chose de façon visible, à faire qu'un objet soit si en évidence qu'on ne le remarque plus. En outre, Edgar Poe pour nous faire sentir à quel point il considère le roman policier comme un genre intellectuel, place au début de chaque nouvelle des digressions sur l'analyse, une discussion à propos des échecs, ou à propos de la supériorité du *whist* ou des dames.

Edgar Poe nous a donc laissé ces cinq nouvelles, puis *le Mystère de Marie Roget* qui est le plus étrange de ses contes mais le moins intéressant à lire. Il s'agit d'un crime qui a été commis à New York : une jeune fille, Mary Roger, a été assassinée. Elle était fleuriste, je crois. Edgar Poe relève ce fait divers dans les journaux. Il situe le crime à Paris et appelle la jeune fille Marie Roget puis il suggère la façon dont a pu être commis le crime. En fait, on découvrit l'assassin plusieurs années après et tout concorda avec ce que Poe avait écrit.

Nous avons donc le récit policier considéré comme un genre intellectuel ; un crime est découvert par quelqu'un qui raisonne dans l'abstrait et non par des délations ou par les maladresses des criminels. Edgar Poe savait que ce qu'il faisait n'était pas réaliste, c'est pourquoi il prend Paris pour cadre ; c'est pourquoi l'homme qui raisonne est un aristocrate, non pas un policier ; c'est pourquoi il met la police dans une situation qui la ridiculise. Autrement dit, Poe a créé le génie de l'intellectualité. Que se passe-t-il après la mort d'Edgar Poe ? Il meurt, je crois, en 1849 ; Walt Whitman, son autre grand contemporain, écrit un article nécrologique disant que *Poe était un exécutant qui ne savait jouer que les notes graves du piano, qu'il ne représentait pas la démocratie américaine* — chose que Poe ne s'était jamais proposé de faire. Whitman a été injuste avec lui, tout comme Emerson.

Certains critiques littéraires, aujourd'hui, le sous-estiment. Mais je crois que l'œuvre de Poe, prise dans son ensemble, est celle d'un génie même si ses nouvelles, les *Aventures d'Arthur Gor-*

don Pym mises à part, présentent des défauts. A elles toutes, cependant, elles construisent un personnage, un personnage qui vit au-delà des personnages qu'il a créés, qui vit au-delà de Charles Auguste Dupin, au-delà des crimes, au-delà des mystères qui ne nous effraient plus désormais.

En Angleterre où le genre policier est pris sous l'angle psychologique, nous avons les meilleurs romans policiers qu'on ait écrits : ceux de Wilkie Collins, *la Femme en blanc* et *la Pierre de lune*. Puis nous avons Chesterton, le plus grand héritier de Poe. Chesterton a dit qu'on n'avait pas écrit de nouvelles policières supérieures à celles de Poe mais lui-même — me semble-t-il — le dépasse. Poe a écrit des contes purement fantastiques. Par exemple *le Masque de la mort rouge*, ou *la Barrique d'amontillado*, puis des contes qui sont basés sur le raisonnement comme les cinq nouvelles policières dont nous avons parlé. Mais Chesterton a fait quelque chose de différent, il a écrit des nouvelles qui sont des contes fantastiques finissant comme des romans policiers. J'en citerai une : *l'Homme invisible*, publiée en 1905 ou 1908.

Voici, brièvement raconté, quel en est le sujet : il s'agit d'un homme qui fabrique des automates — cuisiniers, concierges, femmes de chambre, mécaniciens — et qui habite un appartement dans une maison située sur une colline enneigée, à Londres. Il reçoit des menaces de mort — c'est un tout petit homme, cela est très important pour la suite de l'histoire. Il vit seul avec ses serviteurs mécaniques, ce qui est déjà en soi quelque chose d'horrible. Un homme qui vit seul, entouré de machines imitant vaguement les formes humaines. Il finit par recevoir une lettre où on lui dit qu'il va mourir dans l'après-midi. Il appelle ses amis qui alertent la police et on le laisse seul avec ses automates mais on demande auparavant à son concierge d'observer si quelqu'un pénètre dans l'immeuble. On le confie aux soins d'un *policeman* et d'un marchand de marrons. Tous trois promettent de veiller sur lui. Quand ses amis reviennent avec la police, ils remarquent qu'il y a des traces de pas sur la neige. Celles qui vont vers la maison sont légères, celles qui en viennent sont plus profondes comme si elles avaient porté un lourd fardeau. Ils pénètrent dans l'appartement et ils constatent la disparition du fabricant d'automates. Puis ils voient des cendres dans la cheminée. Ici apparaît ce qu'il y a de plus fort dans la nouvelle, le soupçon que l'homme a été détruit par ses automates. C'est ce qui nous impressionne le plus. Cela nous impressionne plus que d'apprendre la vérité. L'assassin est entré dans la maison, il a été vu par le marchand de marrons, par le *policeman* et par le concierge, mais ceux-ci ne l'ont pas identifié car c'était le facteur qui passe tous les après-midi à la même heure. Il a tué sa victime, l'a mise dans le sac de la correspondance. Puis il a brûlé la correspondance et s'en est allé. Le Père Brown le voit, bavarde avec lui, entend sa confession et l'absout, car dans les nouvelles de Chesterton il n'y a ni arrestations ni violence.

Le genre policier connaît aujourd'hui un déclin aux Etats-Unis. Il est devenu un genre réaliste, plein de violences, y compris sexuelles. En tout cas l'origine intellectuelle du récit policier a été oubliée, a complètement disparu. Elle s'est maintenue en Angleterre où on continue à écrire des romans tranquilles où l'action se passe dans un village anglais ; là tout baigne dans une ambiance intellectuelle, paisible, sans violence, sans grandes effusions de sang.

Je me suis essayé moi-même au genre policier ;

je ne suis pas très fier du résultat. Je l'ai placé dans un monde de symboles qui peut-être ne lui convient pas. J'ai écrit *la Mort et la boussole*. Quelques récits policiers avec Bioy Casares, dont les nouvelles sont bien supérieures aux miennes. Ensemble nous avons écrit *les Six Problèmes pour don Isidro Parodi*, un prisonnier qui de sa prison résout les énigmes policières.

Que pourrions-nous dire pour faire l'apologie du genre policier ? Une chose est certaine et parfaitement évidente : notre littérature tend vers le chaos. La tendance est au vers libre parce qu'il est plus facile à faire que le vers régulier qui, à vrai dire, est fort difficile. On a tendance à supprimer les personnages, les arguments, tout est très vague. A notre époque si chaotique une chose, modestement, a gardé ses vertus classiques : c'est le roman policier. On ne conçoit pas, en effet, un roman policier qui n'ait pas un commencement, un milieu et une fin. Ces romans-là ont été écrits par des auteurs de second ordre sauf certains qu'on doit à de grands écrivains tels que Dickens, Stevenson et, surtout, Wilkie Collins. Je dirais pour défendre le roman policier qu'il n'a pas besoin d'être défendu. Lu aujourd'hui avec un certain mépris, il est cependant en train de sauver l'ordre à une époque de désordre. C'est un exploit qui mérite notre reconnaissance et qui n'est pas sans mérite.

Le temps

Nietzsche n'aimait pas qu'on mît sur le même pied Goethe et Schiller. Et nous pourrions dire qu'il est aussi irrespectueux d'associer en paroles l'espace et le temps, car nous pouvons mentalement faire abstraction de l'espace mais pas du temps.

Supposons que nous n'ayons qu'un sens au lieu de cinq. Que ce sens soit l'ouïe. Alors disparaît le monde visuel, c'est-à-dire que disparaissent le firmament, les astres... Si le toucher vient à nous manquer, alors disparaît la notion de l'âpre, du lisse, du rugueux, etc. S'il nous manque également l'odorat et le goût, nous perdons aussi ces sensations qui sont localisées dans la bouche et dans le nez. Il ne resterait donc que l'ouïe. Nous aurions là un monde possible qui pourrait se passer de l'espace. Un monde d'individus. D'individus qui pourraient communiquer entre eux, qui pourraient être des milliers ou des millions et qui communiqueraient entre eux au moyen du langage — rien ne nous empêche d'imaginer un langage aussi complexe et plus complexe que le nôtre — et au moyen de la musique. C'est-à-dire que nous pourrions avoir un monde où il n'y aurait rien d'autre que des consciences et de la musique.

On pourrait m'objecter que la musique nécessite des instruments. Les instruments sont nécessaires pour la production de la musique. Mais si nous pensons à telle ou telle partition, nous n'avons besoin d'aucun instrument — piano, violon, flûte ou quoi que ce soit — pour l'imaginer.

Nous aurions alors un monde aussi complexe que le nôtre, fait de consciences individuelles et de musique. Comme a dit Schopenhauer, la musique n'est pas quelque chose qui s'ajoute au monde, elle est un monde en soi. Dans ce monde, pourtant, le temps existerait toujours. Car le temps est la succession. Si je m'imagine, si chacun de vous s'imagine dans une pièce obscure, le monde visible disparaît, il disparaît de notre corps. Que de fois ne perdons-nous pas conscience de notre corps !... Par exemple, moi, ici, ce n'est qu'au moment où je touche cette table avec ma main que j'ai conscience de ma main et de la table. Quelque chose se passe, mais quoi ? Peut-être des perceptions ? Peut-être des sensations ou simplement il s'agit de souvenirs ou d'imaginations. Quelque chose se passe en tout cas. Je me souviens d'un beau vers de Tennyson, un des premiers vers qu'il ait écrit : *Time is flowing in the middle of the night* (Le temps s'écoule au milieu de la nuit). C'est là une idée très poétique : lorsque tout le monde dort, le fleuve silencieux du temps — la métaphore est inévitable — s'écoule dans les champs, dans les souterrains, dans l'espace, il s'écoule parmi les astres.

Le temps est donc un problème essentiel. Je veux dire que nous ne pouvons pas faire abstraction du temps. Notre conscience passe continuellement d'un état à un autre et c'est cela le temps : la succession. Je crois qu'Henri Bergson a dit que le temps était le problème capital de la métaphysique. Si ce problème était résolu tout serait résolu. Soit dit entre nous, il n'y a pas de risque qu'il soit résolu : autrement dit, nous ne cesserons pas d'être anxieux. Nous pourrons toujours dire comme saint Augustin : *Qu'est-ce que le temps ? Quand personne ne me le demande, je le sais ; dès qu'il s'agit de l'expliquer, je ne le sais plus.*

Je ne sais pas si au bout de vingt ou trente siècles de méditation nous avons beaucoup avancé dans ce problème du temps. Je dirais que nous sentons toujours cette vieille perplexité, celle que ressentit mortellement Héraclite dans cet exemple auquel je reviens toujours : personne ne se baigne deux fois dans le même fleuve. Pourquoi ne se baigne-t-on jamais deux fois dans le même fleuve ? Premièrement parce que les eaux du fleuve ne cessent de couler. Deuxièmement — et c'est quelque chose qui nous touche métaphysiquement, qui nous cause comme un début d'horreur sacrée —, parce que nous sommes nous-mêmes aussi un fleuve, que nous nous écoulons aussi sans cesse. Le problème du temps est là. C'est le problème de l'éphémère : le temps passe. Je me rappelle ces beaux vers de Boileau :

Hâtons-nous, le temps fuit et nous traîne avec soi.
Le moment où je parle est déjà loin de moi.

Mon présent — ou ce qui était mon présent — est déjà du passé. Mais ce temps qui passe, ne passe pas entièrement. Par exemple, j'ai bavardé avec vous vendredi dernier. Nous pouvons dire que nous sommes autres aujourd'hui, car il nous est arrivé bien des choses à tous au cours de cette semaine. Pourtant nous sommes les mêmes. Je sais que j'ai parlé ici même, que j'ai essayé de réfléchir à certains problèmes devant vous et vous

vous rappelez sans doute que vous étiez ici avec moi la semaine passée. En tout cas, un souvenir du temps reste dans la mémoire. La mémoire est individuelle. Nous sommes faits, en grande partie, de mémoire. Cette mémoire est faite, en grande partie, d'oubli.

Il y a donc le problème du temps. Peut-être ce problème est-il insoluble, voyons toutefois les solutions qu'on en a données. La plus ancienne remonte à Platon, puis nous avons celle de Plotin et enfin celle de saint Augustin. C'est celle qui se réfère à l'une des plus belles inventions de l'homme. Car je prétends qu'il s'agit là d'une invention humaine. Vous penserez peut-être différemment si vous êtes croyants. Je veux parler de cette belle invention qu'est l'éternité. Qu'est-ce que l'éternité ? Ce n'est pas la somme de tous nos hiers. C'est tous nos hiers, tous les hiers de tous les êtres conscients. Tout le passé, ce passé dont on ne sait quand il a commencé. Puis aussi tout le présent. Ce moment présent qui englobe toutes les villes, tous les mondes, tout l'espace entre les planètes. Puis enfin l'avenir. L'avenir qui ne s'est pas encore réalisé mais qui, néanmoins, existe.

Les théologiens supposent que l'éternité est en quelque sorte un instant dans lequel se rejoignent miraculeusement ces divers temps. Nous pouvons reprendre les mots de Plotin, qui ressentit profondément le problème du temps. Plotin dit : il y a trois temps et tous les trois sont le présent. L'un est le présent actuel, le moment où je parle. C'est-à-dire le moment où j'ai parlé car déjà ce moment appartient au passé. Puis nous en avons un autre, qui est le présent du passé, qu'on appelle la mémoire. Puis un troisième, le présent de l'avenir qui est en quelque sorte ce qu'imagine notre espérance ou notre peur.

Venons-en maintenant à la solution que donna pour la première fois Platon, solution qui semble arbitraire mais qui pourtant ne l'est pas, comme j'espère vous le prouver. Platon a dit que le temps est l'image en mouvement de l'éternité. Le temps commence par de l'éternité, par un être éternel, et cet être éternel veut se projeter en d'autres êtres. Or il ne peut le faire dans son éternité : il doit le faire dans la succession. Le temps est en quelque sorte l'image en mouvement de l'éternité. Le grand mystique anglais William Blake nous dit : *le temps est un don de l'éternité.* Si on nous donnait la totalité de l'être... L'être est plus que l'univers, plus que le monde. Si on nous montrait une seule fois la totalité de l'être nous serions écrasés, anéantis, morts. Par contre, le temps est un don de l'éternité. L'éternité nous permet toutes ces expériences dans la succession : nous avons des jours et des nuits, nous avons les heures, les minutes, nous avons la mémoire, la sensation du présent, puis nous avons l'avenir, l'avenir dont nous ignorons encore ce qu'il sera mais que nous pressentons ou craignons.

Tout cela nous est donné successivement car nous ne pourrions pas supporter l'intolérable poids, l'intolérable impact de tout l'être de l'univers. Le temps serait donc un don de l'éternité. L'éternité nous permet de vivre dans la succession. Schopenhauer dit qu'heureusement pour nous notre existence se divise en jours et en nuits, notre existence est interrompue par le sommeil. Nous nous levons le matin, nous passons la journée puis nous dormons. S'il n'y avait pas le sommeil, il serait intolérable de vivre, nous ne serions pas maîtres de nos plaisirs. Nous ne pouvons pas assumer la totalité de l'être. Aussi tout nous est-il donné, mais graduellement.

La métempsycose répond à une idée voisine. Peut-être serions-nous à la fois, comme le croient les panthéistes, tous les minéraux, tous les végétaux, tous les animaux, tous les hommes. Mais heureusement nous ne le savons pas. Heureusement, nous croyons à l'individualité. Sinon, nous serions accablés, nous serions anéantis par cette plénitude.

J'en arrive maintenant à saint Augustin. Personne, je crois, n'a senti plus intensément que lui le problème du temps, cette mise en question du temps. Saint Augustin dit que son âme brûle, qu'il brûle de savoir ce qu'est le temps. Et il demande à Dieu de lui révéler ce qu'est le temps. Non pas par vaine curiosité mais parce qu'il ne peut pas vivre sans le savoir. C'est en quelque sorte la question essentielle, ou comme Bergson dira plus tard : le problème essentiel de la métaphysique. Saint Augustin exprime tout cela avec feu.

Puisque nous parlons du temps, prenons un exemple apparemment simple, l'exemple des paradoxes de Zénon. Il les applique à l'espace mais nous les appliquerons au temps. Prenons le plus simple de tous : le paradoxe ou l'aporie du mobile. Le mobile est situé à l'extrémité d'une table et il faut qu'il parvienne à l'autre bout. Il faut d'abord qu'il parvienne au milieu mais pour cela il faut qu'il franchisse la moitié de la moitié, mais, auparavant, la moitié de la moitié de la moitié et ainsi de suite à l'infini. Le mobile n'ira donc jamais d'une extrémité à l'autre de la table. Nous pouvons aussi prendre un exemple dans la géométrie. Imaginons un point. On suppose que le point n'a aucune extension. Si nous prenons ensuite une succession infinie de points, nous aurons la ligne. Puis, en prenant un nombre infini de lignes, nous aurons la surface. Et un nombre infini de surfaces

208

nous donnera le volume. Mais je ne sais dans quelle mesure nous pouvons admettre cela, car si le point n'a pas d'étendue, je ne vois pas de quelle façon une somme, même infinie, de points qui n'ont aucune étendue, peuvent nous donner une ligne qui s'étend dans l'espace. En disant une ligne, je ne pense pas à une ligne qui irait de ce point-ci à la lune. Je pense, par exemple, à cette ligne : le bord de la table que je touche. Il est fait d'un nombre infini de points. A tout ceci on a cru trouver une solution.

Bertrand Russell donne l'explication suivante : il y a des nombres finis (la série des nombres naturels 1, 2, 3, 4, 5, 6, 7, 8, 9, 10 et ainsi à l'infini). Mais considérons ensuite une autre série et cette autre série aurait exactement la moitié de l'extension de la première. Elle est faite de tous les nombres pairs. Ainsi au 1 correspondra le 2, au 2 correspondra le 4, au 3 correspondra le 6... Puis une autre série encore. Nous prendrons n'importe quel nombre. Par exemple, 365. A 1 correspondra le 365, au 2 correspondra le 365 multiplié par lui-même, au 3 correspondra le 365 élevé à la puissance trois. Nous aurions ainsi différentes séries de nombres qui seraient toutes infinies. C'est-à-dire que dans les nombres transfinis les parties ne sont pas moins nombreuses que le tout. Je crois que ceci a été admis par les mathématiciens. Mais je ne sais pas jusqu'à quel point notre imagination peut l'accepter.

Prenons l'instant présent. Qu'est-ce que l'instant présent ? C'est le moment qui comporte un peu de passé et un peu d'avenir. Le présent en soi est comme le point en géométrie. Le présent en soi n'existe pas. Ce n'est pas une donnée immédiate de notre conscience. Nous avons donc ce présent et nous voyons qu'il est graduellement en train de devenir du passé, en train de devenir de l'avenir. Il y a deux théories du temps. La première qui correspond, je crois, à ce que nous pensons tous, considère le temps comme un fleuve. Un fleuve qui coule depuis le commencement, l'inconcevable commencement du temps, et qui est parvenu jusqu'à nous. Puis nous avons l'autre théorie, celle du métaphysicien anglais James Bradley. Celui-ci dit que c'est le contraire qui se passe, que le temps s'écoule de l'avenir vers le présent. Que l'instant où le futur devient du passé, c'est l'instant que nous appelons le présent.

Nous pouvons choisir entre ces deux métaphores. Nous pouvons situer la source du temps dans l'avenir ou dans le passé. Peu importe. Nous sommes toujours devant le fleuve du temps. Mais comment résoudre le problème de l'origine du temps ? Platon a donné la solution suivante : le temps procède de l'éternité et ce serait une erreur de dire que l'éternité est antérieure au temps. Car dire qu'elle est antérieure c'est dire que l'éternité appartient au temps. Ce serait aussi une erreur de dire, comme Aristote, que le temps est la mesure du mouvement car le mouvement a lieu dans le temps et il ne peut pas expliquer le temps. Il y a une belle phrase de saint Augustin : *Non in tempore sed cum tempore Deus creavit caela et terram* (c'est-à-dire : Non pas dans le temps mais avec le temps, Dieu créa les cieux et la terre). Les premiers versets de la Genèse se réfèrent non seulement à la création du monde, à la création des mers, de la terre, des ténèbres et de la lumière mais aussi au début du temps. Il n'y a pas eu un temps antérieur : le monde a commencé à être avec le temps et depuis lors tout est successif.

Je ne sais pas si ce concept des nombres transfinis que j'expliquais il y a un instant peut nous aider. Je ne sais pas si mon imagination accepte cette idée. Je ne sais pas si la vôtre peut l'accepter. L'idée de quantités dont les parties ne sont pas moins grandes que le tout. Dans le cas de la série des chiffres naturels nous acceptons que le nombre des entiers pairs soit égal au nombre des entiers impairs, c'est-à-dire qu'il soit infini : que l'exponent du nombre 365 soit égal à la somme totale. Pourquoi ne pas accepter l'idée de deux instants de temps ? Pourquoi ne pas accepter l'idée de sept heures quatre minutes et de sept heures cinq minutes ? Il semble très difficile d'accepter qu'entre ces deux instants il y ait un nombre infini ou transfini d'instants.

Bertrand Russell nous demande pourtant d'imaginer la chose ainsi.

Berheim a dit que les paradoxes de Zénon se basaient sur une idée spatiale du temps. Qu'en réalité ce qui existe c'est l'élan vital et que nous ne pouvons pas le subdiviser. Par exemple, quand nous disons qu'Achille parcourt un mètre tandis que la tortue parcourt un décimètre, c'est faux car nous disons qu'Achille marche au début à grands pas puis ensuite à pas de tortue. C'est-à-dire que nous appliquons au temps des mesures qui correspondent à l'espace. Mais supposons un laps de temps de cinq minutes. Pour que s'écoulent cinq minutes de temps il faut que s'écoule d'abord la moitié de cinq minutes. Pour que s'écoulent deux minutes et demie, il faut d'abord que s'écoule la moitié de deux minutes et demie. Pour que s'écoule une moitié de temps il faut d'abord que s'écoule la moitié de cette moitié et ainsi à l'infini, si bien que jamais ne peuvent s'écouler cinq minutes. Nous sommes devant les apories de Zénon appliquées au temps et le résultat est le même.

Nous pouvons prendre également l'exemple de

la flèche. Zénon dit qu'une flèche dans son vol est à chaque instant immobile. Donc le mouvement est impossible car une somme d'immobilités ne peuvent constituer un mouvement.

Mais si nous pensons qu'il existe un espace réel, cet espace peut être finalement divisible en points bien que l'espace soit divisible à l'infini. Si nous pensons à un temps réel, il peut aussi se subdiviser en instants, en instants d'instants, chaque fois en unités d'unités.

Si nous pensons que le monde n'existe que dans notre imagination, si nous pensons que chacun de nous rêve un monde, pourquoi ne pas supposer que nous allons d'une pensée à l'autre et que n'existent pas ces subdivisions puisque nous n'en avons pas conscience ? N'existe que ce que nous ressentons. Seules existent nos perceptions, nos émotions. Cette subdivision est imaginaire, elle n'est pas effective.

Puis il y a cette autre idée qui semble d'ailleurs appartenir au commun des mortels, c'est l'idée de l'unicité du temps. Elle fut émise par Newton mais avant lui l'opinion générale l'avait déjà pressentie. Quand Newton parle du temps mathématique — c'est-à-dire d'un seul temps qui s'écoule à travers tout l'univers — ce temps s'écoule maintenant en des lieux vides, il s'écoule parmi les astres, il s'écoule de façon uniforme. Mais le métaphysicien anglais Bradley a dit qu'il n'y avait aucune raison de supposer une telle chose.

Nous pouvons supposer qu'il existe diverses séries de temps, disait-il, sans rapport les unes avec les autres. Nous aurions une série que nous pourrions appeler a, b, c, d, e, f... Ces données ont un lien entre elles : les unes sont postérieures aux autres, ou antérieures, ou contemporaines. Mais nous pourrions imaginer une autre série, alpha,

212

bêta, gamma... Nous pourrions imaginer d'autres séries de temps.

Pourquoi n'imaginer qu'une seule série de temps ? Je ne sais pas si votre imagination accepte cette idée. L'idée qu'il y a plusieurs séries de temps et que ces séries de temps ne sont ni antérieures, ni postérieures, ni contemporaines — naturellement les éléments de ces séries sont antérieurs, contemporains ou postérieurs les uns par rapport aux autres. Ce sont des séries différentes. Nous pourrions imaginer qu'il en va de même de nos êtres conscients. Pensons par exemple à Leibniz.

L'idée est que chacun de nous vit une série de faits et que cette série de faits peut être parallèle ou non à d'autres. Pourquoi accepter cette idée ? Elle est plausible ; on aurait ainsi un monde plus vaste, beaucoup plus étrange que le monde actuel. C'est l'idée qu'il n'y a pas un temps unique. Je crois que cette idée n'est pas rejetée par la physique actuelle, que je ne comprends pas et que je connais mal. L'idée qu'il y a des temps divers. Pourquoi imaginer un temps unique, un temps absolu, comme l'imaginait Newton ?

Revenons maintenant au thème de l'éternité, à l'idée de l'éternité qui cherche à se manifester d'une façon ou d'une autre, qui se manifeste dans l'espace et dans le temps. L'éternité est le monde des archétypes. Dans l'éternité, par exemple, il n'y a pas des triangles, il n'y a qu'un seul triangle qui n'est ni équilatéral, ni isocèle, ni scalène. Ce triangle, dans l'éternité, est ces trois choses à la fois et aucune d'elles. Le fait qu'un tel triangle soit inconcevable importe peu : ce triangle existe.

On pourrait dire aussi que chacun d'entre nous est une copie temporelle et mortelle de l'archétype humain. Le problème serait alors de savoir si

chaque homme a ou non son archétype plato-
nique. Cet absolu veut donc se manifester et il se
manifeste dans le temps. Le temps est l'image de
l'éternité.

Je crois que ceci pourrait nous aider à comprendre pourquoi le temps est successif. Il est
successif parce que venant de l'éternité, il veut y
retourner. Autrement dit, l'idée de futur correspond à notre désir d'un retour aux sources. Dieu a
créé le monde ; le monde, tout l'univers des créatures veut retourner à cette source éternelle qui
est intemporelle, non antérieure au temps ni postérieure mais hors du temps. C'est ce qu'on retrouve dans l'élan vital. C'est ce qui expliquerait
aussi que le temps soit en mouvement constant.
On a dit que le présent n'existait pas. Certains
philosophes de l'Inde ont prétendu qu'il n'y a pas
un moment où le fruit tombe. Le fruit va tomber
ou est au sol mais il n'y a pas un moment où il
tombe.

Il est curieux de constater que des trois temps
— le passé, le présent et le futur — dans lesquels
nous avons divisé le temps, le plus difficile à
concevoir, le plus insaisissable soit le présent ! Le
présent est aussi insaisissable que le point. Car si
nous imaginons celui-ci sans extension, il n'existe
pas ; nous devons imaginer que le présent apparent est en quelque sorte un peu le passé et un peu
l'avenir. C'est-à-dire que nous sentons le temps
qui passe. Quand je parle du temps qui passe, je
parle de quelque chose que nous ressentons tous.
Si je parle du présent, je parle de quelque chose
d'abstrait. Le présent n'est pas une donnée immédiate de la conscience.

Nous sentons que nous évoluons dans le temps,
c'est-à-dire que nous pouvons concevoir que
nous passons du futur au passé ou du passé au

futur mais à aucun moment nous ne pouvons dire au temps : *Arrête-toi ! Tu es si beau !...* comme le souhaitait Goethe. Le présent ne s'immobilise pas. Un pur présent est impensable : il serait inexistant. Il comporte toujours une parcelle de passé et une parcelle de futur. Il semble que cela soit indispensable au temps. Dans l'expérience que nous en avons, le temps ressemble toujours au fleuve d'Héraclite, nous en revenons toujours à cette vieille allégorie. C'est à croire que nous n'avons guère avancé au cours des siècles. Nous sommes toujours Héraclite contemplant son reflet dans le fleuve, pensant que ce fleuve n'est plus le même car les eaux ont changé et pensant qu'il n'est plus le même Héraclite car il a été d'autres personnes entre la dernière fois qu'il a vu ce fleuve et la fois présente. Autrement dit nous sommes un être qui change et qui reste permanent. Nous sommes des êtres essentiellement mystérieux. Que serions-nous sans la mémoire ? Une mémoire qui est en bonne partie faite d'oubli mais qui est essentielle. Il n'est pas nécessaire, pour continuer à être ce que je suis, que je me souvienne par exemple que j'ai vécu à Palermo, à Adrogué, à Genève, en Espagne. Je sens bien, en même temps, que je ne suis pas la même personne qui habita dans ces endroits, que je suis autre. C'est le problème que nous ne pourrons jamais résoudre : le problème de notre identité changeante. Peut-être suffit-il de parler de changement. Car si nous disons que quelque chose a changé nous ne voulons pas dire que ce quelque chose a été remplacé par quelque chose d'autre. Nous disons : *La plante a poussé.* Nous ne voulons pas dire par là qu'une plante petite est remplacée par une plante plus grande. Nous voulons dire que cette plante s'est trans-formée en quelque chose de différent. Autrement dit, c'est l'idée de la permanence dans l'éphémère.

L'idée du futur viendrait en quelque sorte justifier cette vieille idée de Platon que le temps est l'image en mouvement de ce qui est éternel. Si le temps est l'image de ce qui est éternel, le futur serait donc le mouvement de l'âme vers l'avenir. L'avenir serait à son tour le retour à ce qui est éternel. Notre vie serait donc une continuelle agonie. Quand saint Paul dit : *Je meurs chaque jour*, ce n'est pas une image pathétique. Nous ne cessons de naître et de mourir. C'est pourquoi le problème du temps nous touche plus que les autres problèmes métaphysiques. Car les autres problèmes sont abstraits. Le problème du temps est notre problème. Qui suis-je ? Qui sommes-nous ? Peut-être le saurons-nous un jour. Peut-être que non. Mais entre-temps, comme dit saint Augustin, mon âme brûle car je désire le savoir.

Avertissement   7

LA DIVINE COMÉDIE   11
LE CAUCHEMAR   35
LES MILLE ET UNE NUITS   54
LE BOUDDHISME   71
LA POÉSIE   91
LA KABBALE   113
CÉCITÉ   128
PROLOGUE   146
LE LIVRE   147
L'IMMORTALITÉ   159
EMMANUEL SWEDENBORG   173
LE ROMAN POLICIER   188
LE TEMPS   203

Amanda NEWMAN
4306 Leland St.
Chevy Chase, MD 20815
(301) 652-9210
★ amandan2@yahoo.com ★
anewman@goucher.edu

DU MÊME AUTEUR

Aux Éditions Gallimard

FICTIONS.

LABYRINTHES.

ENQUÊTES *suivi de* ENTRETIENS.

L'AUTEUR ET AUTRES TEXTES.

DISCUSSION.

L'ALEPH.

ŒUVRE POÉTIQUE (1925-1965).

LE RAPPORT DE BRODIE.

L'OR DES TIGRES.

LE LIVRE DE SABLE.

LIVRE DE PRÉFACES *suivi de* ESSAI D'AUTOBIOGRA-
PHIE.

LA ROSE PROFONDE – LA MONNAIE DE FER –
HISTOIRE DE LA NUIT.

LES CONJURÉS – LE CHIFFRE.

NEUF ESSAIS SUR DANTE.

CONVERSATIONS AVEC RICHARD BURGIN.

ENTRETIENS SUR LA POÉSIE ET LA LITTÉRATURE
suivi de QUATRE ESSAIS SUR J. L. BORGES.

Dans la Bibliothèque de la Pléiade

ŒUVRES COMPLÈTES, tome I, tome II.

Impression Brodard et Taupin
à La Flèche (Sarthe),
le 3 mai 1999.
Dépôt légal : mai 1999.
1er dépôt légal dans la même collection : janvier 1985.
Numéro d'imprimeur : 1264W.

ISBN 2-07-032280-7 / Imprimé en France.

91342